만남의 축복

− 삶이 송두리째 바뀐 사람들을 만나다 −

조한우 지음

만남의 축복

발 행	2025년 1월 27일
저 자	조한우
표지시안	조혜상
펴낸이	허필선

펴낸곳	행복한 북창고
출판등록	2021년 8월 3일(제2021-35호)
주 소	인천 부평구 원적로361 216동 1602호
전 화	010-3343-9667
이메일	pilsunheo@gmail.com
홈페이지	https://www.hbookhouse.com

판매가 | 18,000원
ISBN 979-11-93231-28-9 (03230)

* 잘못 만들어진 책은 구입하신 서점에서 교환해 드립니다.
* 본 책은 저작자의 지적 재산으로서 무단 전재와 복제를 금합니다.

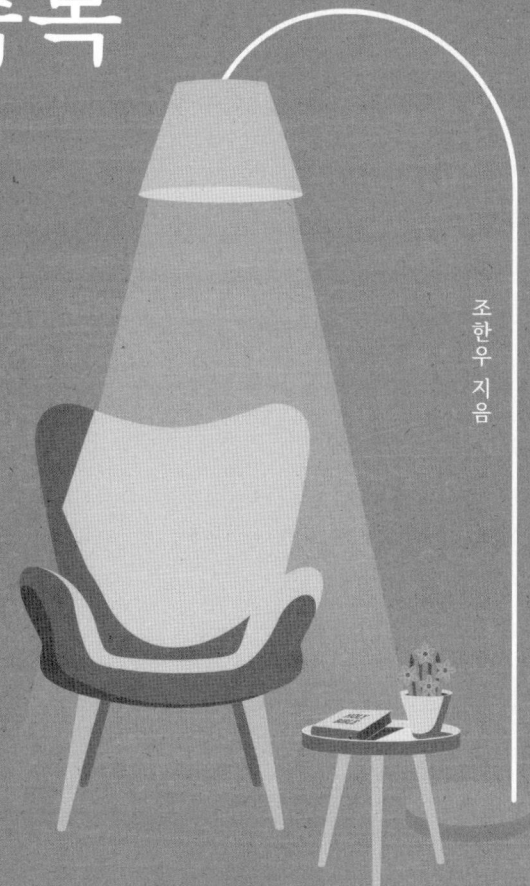

목차

추천사 ·· 6
시작하는 말 ·· 16

1부 예수님의 최츤근 인사들과의 만남

1. 미혼모 마리아 ····································· 30
2. 어쩌다 아빠가 된 요셉 ··························· 35
3. 땡 잡은 베드로 ···································· 41
4. 숨은 일꾼 안드레 ·································· 46
5. 평범한 그리스도인으로 살고 싶었던 야고보 ··· 50
6. 사랑의 사도, 요한 ································· 54
7. 짠돌이라고 놀림 받은 빌립 ······················ 58
8. 평범했지만, 전혀 평범하지 않았던 바돌로매 ·· 63
9. 확실한 믿음의 소유자, 도마 ····················· 68
10. 일등을 원했던 마태 ······························ 73
11. 기도의 사람, 야고보 ····························· 77
12. 열심당원 시몬 ···································· 81
13. 흔적도 없이 사라져 버린 다대오 ·············· 85
14. 가룟 사람 유다 ··································· 90

2부 새 시대를 바라본 사람들과의 만남

1. 동방박사 세 사람 ·································· 102
2. 양 치는 목자들 ···································· 106
3. 덕구의 성탄절 ····································· 110
4. 세례자 요한 ·· 115
5. 이스라엘의 위로를 기다렸던 시므온 ··········· 119

6. 아브라함의 자손이 된 삭개오 ……………………………… 123
7. 오지랖이 넓어서 마당발로 소문났던 마리아 ……………… 128
8. 섭섭 마귀를 물리친 나사로 ……………………………… 133
9. 하나님의 위로를 소망했던 나사로 ……………………… 138
10. 하나님의 나라를 사모했던 니고데모 ………………… 143
11. 수가성 여인 ……………………………………………… 148
12. 익명의 어린아이 ………………………………………… 152
13. 괴짜 아줌마 ……………………………………………… 158
14. 선한 사마리아 사람 ……………………………………… 162
15. 가나 혼인집의 하인들 …………………………………… 166
16. 순수하고 깨끗한 사람, 나다나엘 ……………………… 170
17. 음행 중에 잡혀 온 여자 ………………………………… 175

3부 고침을 받은 사람들과의 만남

1. 회당장 야이로의 딸 ……………………………………… 186
2. 믿음으로 구원받은 여인 ………………………………… 191
3. 믿음의 눈까지 뜨게 된 사람 …………………………… 196
4. 믿음의 친구들 …………………………………………… 201
5. 백부장의 믿음 …………………………………………… 206
6. 감사로 구원받은 사람 …………………………………… 211
7. 은혜를 갚은 베드로의 장모 …………………………… 216
8. 수로보니게 여인 ………………………………………… 221
9. 아들 바보였던 왕의 신하 ……………………………… 226
10. '자비의 집'에서 만난 사람 …………………………… 231
11. 복합 장애를 해결 받은 사람 ………………………… 235
12. 기적보다는 하나님께 영광을 ………………………… 240
13. 큰 은혜를 입은 막달라 마리아 ……………………… 244

맺는 말 …………………………………………………………… 248

추천사 I

일찍이 목사님께서는 경남교육청 산하 각 교육지원청과 도내 초중고등학교에서 학생 상담자원봉사자로 수고하시면서 학생 상담자원봉사자 경남도협의회 회장을 4년간 역임하셨습니다. 그렇게 목사님은 목회자와 교육자의 자질을 경남교육 현장에서 한 알의 밀알로 헌신하신 분이십니다.

그런 의미에서 성경을 연구하면서 가르치시던 분이 성경 속에 있는 사람들의 아름답고 복된 이야기를 쓰시게 된 것은 결코 우연의 일치가 아닐 것입니다.

어쩌면 교육 현장이나 목회 현장이나 똑같다는 생각입니다. 사람을 가르치고 기르는 것은 오로지 말로써만 되는 일이 아닙니다. 이 책 속에 등장하는 많은 인물처럼 고뇌와 갈등과 도전 속에서 새로운 인생을 찾을 수 있도록 길을 안내하는 이들의 역할이 중요합니다.

우리 중에는 하나님의 아들로서 이 땅에 오신 예수님과 같은 능력을 갖춘 사람은 아무도 없습니다. 그러나 우리들은 부지런히 가르치고 또 가르치면서 누군가 내 뒤를 따라올 수 있도록 날마다 우리의 옷매무새를 여밀 뿐입니다. 이 책을 읽는 모든 분이 그런 마음을 갖게 되리라 믿어 의심치 않습니다.

경상남도 교육감 박종훈

추천사 II

목사님은 크리스천경남이 창간된 날부터 지금까지 변함없이 함께 해 주셨습니다. 목회자로서 좋은 기사를 써 주셨고, 유익한 칼럼으로 지면을 채워 주셨습니다.

초창기엔 부정기적으로 칼럼을 쓰셨지만, 본사의 편집위원으로 자리를 잡으신 후에는 '나의 사랑하는 책'이라는 제하로 66회에 걸쳐서 연재하셨고, '시인과 함께 읽는 시편'이라는 제하로 150회 연재를 하셨습니다. 그리고 지금은 '시인이 만난 사람'이라는 제하로 무려 332회째 성경 인물을 스토리텔링으로 연재하고 있습니다. 아마 성경 속의 인물들을 다 쓰려면 앞으로 얼마나 더 긴 시간이 걸릴지 알 수 없습니다.

목사님은 설교자로서뿐 아니라, 이야기꾼으로서의 탁월한 재능과 능력을 갖추신 분입니다. 시대를 넘나드는 성경 해석은 탁월하다는 말로는 설명이 안 될 정도입니다. 이 책에는 지금까지 연재했던 성경 인물 스토리텔링 332회 중에 고작 44회 분량만 소개되었으니, 그 나머지 인물 이야기들의 분량은 어마어마합니다. 이 책에서는 예수님을 만났던 사람 중에 극히 일부만 발췌한 것 같습니다.

 조 목사님 덕분에 성경 속의 인물들이 화석처럼 굳어있지 않고, 마산 어시장에 가도 만날 수 있는 생선 장수 아주머니처럼 편안하게 만날 수 있게 되었습니다. 머지않아 우리 크리스천경남에서 소개해 드렸던 모든 성경 인물의 이야기들을 책으로 만날 수 있게 되기를 기대합니다.

크리스천경남신문 사장 이인식 장로

추천사 Ⅲ

  총회 농어촌목회자협의회 12대 회장을 역임한 조한우 목사는 지금도 총회 농어촌선교후원회 서기를 맡고 있다. 그만큼 농어촌교회와 농어촌목회자에 관한 관심과 애정이 크다는 것을 알 수 있다. 그가 가지고 있는 다양한 재능들은 그의 목회는 물론이고, 총회 차원에서도 귀한 재원으로 평가받고 있다.
  이번에 출판한 '만남의 축복'은 성경 해석학적인 면에서도 의미가 있는 책이다. 그의 목회가 소외된 자들을 보듬어 주는 사역이었기 때문에 성경 속의 인물들을 보는 눈도 특별할 수밖에 없었으리라 생각한다. 성경을 읽으면서 누구도 찾아내지 못하는 것들을 시대적인 통찰력을 통해 작가적 관점으로 풀어내는 것을 보면 감탄하지 않을 수 없다. 특히 수천 년 전의 성경 인물들을 끌어내서 우리와 직접 소통하게 만드는 기법은 단순한 문학적 상상력을 뛰어넘는다.

  그러면서도 이 책은 어디를 봐도 조직신학을 벗어나는 법이 없다. 교리적인 틀 안에서 완벽하게 성경 속의 인물들을 자유롭게 해 주고,

마음껏 이곳에서 자신들을 표현할 수 있도록 배려하고 있는 걸 보면, '역시 연극을 하는 목사는 다르다'라는 말이 저절로 나오게 된다. 작가는 굳이 딱딱한 교리에 대한 설명은 하지 않는다. 하지만 소개되는 인물들의 고백에서 저절로 교회론을 배우게 되고, 구원론과 기독론을 익히게 된다. 종말론이나 성령론도 아무런 부담 없이 받아들여지게 되는 것이 이 책의 특징이다.

아무쪼록 이 책을 손에 들고 읽는 독자마다 하나님께서 주시는 위로와 평안을 받고, 믿음의 회복이 일어나게 되기를 간절히 기도한다.

총회 농어촌 선교부장 전세광 목사
(세상의빛교회)

추천사 Ⅳ

 세상엔 많은 목회자들이 있다. 그중에 언제나 밝고 긍정적인 태도를 가지고 있으면서 누구에게나 에너지를 가득 채워 주는 나의 동갑내기 목사가 바로 조한우 목사다. 그는 주어진 환경을 탓하기는커녕 오히려 기쁨으로 즐길 줄 아는 멋진 사람이다.
 어딜 가도 기죽지 않는 당당함은 목회자로서 당연히 가져야 할 기본 소양이지만, 그가 가지고 있는 기질은 타고났다고 봐야 한다. 그는 어떠한 모임에서도 분위기를 환기하고, 주도적으로 상황을 이끌어 가는 지도력을 가진 사람이다.

 초고를 받아 읽으면서 혼자 키득키득 웃었다. 때로는 코끝이 찡해지는 감동을 하기도 했다. 내가 직접 성경 속의 인물들을 만나는 것 같은 느낌을 받았다. 흥미에 빠져 점점 책 속으로 빠져들었다. 목사라는 직분을 잠시 내려놓고, 그들을 따라 책 속으로 들어가고 싶어졌다. 그들이 만났던 예수님을 나도 금방 만날 수 있을 것 같아서였다. 성경이 이렇게 재미있고 쉬운 것이라는 걸, 이 책을 읽고 새삼 깨달았다.

 금방이라도 튀어나올 것 같은 성경 속의 인물들이 나에게도 말을 걸어오기 시작했다. 바쁜 일정들을 다 접어두고 나도 책 속의 인물들과 동행하고 싶어졌다. 나이도 직업도 신분도 각각 다른 사람들이 성경 속에서 옹기종기 모여 앉아 수다를 떠는 것을 보면서, 이 사람들을 만나게 해 준 내 친구 조 목사에게 고마움을 전하고 싶어졌다.

 같은 시대를 살아가면서도 그와 나는 어쩔 수 없이 각자 다른 목회 현장을 지키고 있지만, 우리는 이 책 속에서 다시 만날 수 있었다. 그리고 이 이야기들을 더 많은 사람들에게 전하기 위해서 열심히 발품을 팔고 있을 동갑내기 목사를 축복하며, 기쁨으로 응원의 박수를 보낸다.

109회기 총회 섬김이 김한호 목사
(춘천동부교회)

추천사 V

이름값을 하는 목회자가 얼마나 될까? 조한우 목사는 정말 황소처럼 우직한 사람이다. 꾀를 부리지 않고, 기꺼이 짐을 질 줄 아는 사람이다. 25, 6년 전 서울서남노회에서 새내기 목사로 목회를 시작한 그는 시온산악회의 최정예 회원이었다. 우리는 북한산 숨은벽과 설악산 대청봉을 비롯한 공룡능선을 같이 탔다. 지리산 종주도 몇 차례나 같이 했다. 그때마다 조 목사는 뒤처지는 선배 목사들의 배낭을 대신 짊어지고 걸었다. 그때부터 알아봤다. 조한우 목사는 사람에 대한 이해와 배려가 남다르다는 것을….

이번 책에서도 조 목사는 성경 속의 인물들에게조차 한결같이 친절했다. 그동안 말 못 하던 성경 속의 인물들이 모처럼 조 목사 덕분에 속 시원하게 자기들의 이야기를 마음껏 풀어 놓았다. 성경 속의 인물들이 가지고 있던 진심이 그대로 느껴졌다.
우리는 설교자로서 주석이나 신학적인 해석에만 몰두하기 쉽다. 그러나 이 책은 그냥 아무 생각 없이 성경을 대할 수 있는 여유가 얼마나 중요한 것인지를 일깨워 준다. 역시 성경은 내가 해석하는 것이 아니라, 성경이 말하는 것을 들을 줄 아는 귀가 있어야 깨달을 수 있는 것이다.

　이 책은 설교집이 아니다. 주석도 아니다. 그렇다고 그냥 읽고 마는 소설책은 더더욱 아니다. 그러나 이 책을 읽고 나면, 분명히 성경을 보는 눈이 달라질 거라는 게 나의 생각이다.
　신앙의 모범으로 삼을 만한 성경 속의 인물을 찾아서 내재화(Internalization)의 단계를 거치고 나면, 쉽게 신앙의 성숙을 이뤄낼 수 있을 것이다. 또한 기독교의 보편화에도 크게 이바지하게 될 것으로 보아 이 책이 지닌 가치와 의미는 매우 크다.

이진섭 목사(고촌중앙교회)

추천사 VI

　조 목사는 이미지 메이킹의 대가로 여겨진다. 그는 언제나 보이는 설교를 하기 때문이다. 보이는 설교를 한다는 것만큼 멋진 설교는 없다. 책을 받아보고서야 조 목사의 설교 비밀을 알 수 있었다. 성경을 이야기로 풀 수 있는 능력은 재능을 넘어서 은사일 수밖에 없다. 그런 면에서 평생을 설교하고 부흥강사로서 사명을 다하고 있는 나로서는 조 목사를 만난 것이 얼마나 기쁜 일인지 모른다.

　세상이 어수선하고 갈피를 잡지 못할수록 목회자는 순수성을 잃어서는 안 된다. 경남 산청에서 20년을 목회하면서 물소리와 바람 소리와 새소리를 들으면서 조 목사는 세미한 하나님의 음성을 들으면서 수많은 갈무리를 하였을 것이다. 그는 아픔도 슬픔도 고통도 끝내 기쁨과 감사로 승화시켰다. 성경 속의 인물들과 끝없는 대화를 통해서 하나님께서 들려주시는 메시지를 부드럽게 풀어놓았다. 그래서 이 책은 그리스도인뿐 아니라, 이 땅에서 숨 쉬고 사는 우리 모두에게 깊은 감명을 주고 있다.

한 해가 저물고 또 새해가 밝아왔다. 역사는 그렇게 끊임없이 반복되지만, 변하지 않는 것은 오직 하나님의 말씀뿐이다. 우리는 그것을 전하기 위해서 여러 가지로 애를 써 왔다. 말씀을 읽고 또 읽으면서 그 말씀에 가장 잘 어울리는 옷을 입히는 작업은 설교자의 의무이기도 하다. 이 책 속에 등장하는 인물들은 조 목사가 골라 준 멋진 옷을 입고 다시 세상으로 나왔다. 그리고 성경 속에서 못다 한 자기들만의 이야기들을 신명 나게 펼치고 있다.

성경은 이제 더 이상 낯설거나 멀리 있는 이야기가 아니다. 하나님은 결코 멀리 계시거나 낯선 분이 아니시기 때문이다. 조 목사는 그걸 알게 해 주려고 이 책을 썼다. 누구나 이 책을 읽는 동안 마음이 편안해지는 것을 느끼게 될 것이다.

칼빈부흥사회 초대 대표회장 김병훈 목사
(동해청운교회 원로목사)

시작하는 말

 필자는 대학에서 4년 동안 연극 동아리를 했고, 졸업 후엔 극단을 만들어서 연극을 했었다. 그동안 여러 편의 연극을 연출했으며, 배우로서도 많은 연기를 했다. 경기도에서 주최한 제1회 소인극경연대회에선 남우주연상을 받기도 했다.

 목회하는 동안 연극에 대한 미련을 접어두고 있었지만, 그 '끼'를 못 이겨서 전국을 돌아다니면서 '각설이가 만난 예수'라는 제목으로 품바 공연을 하고 있다. 교회나 학교, 요양원과 같은 노인시설은 물론이고, 병원이나 각종 단체, 심지어 교도소와 시장바닥에서도 품바 공연을 했다. 그러면서 사람들의 이야기를 풀어내는 나만의 기술이 생겼다.

 물론 어려서부터 글쓰기에는 재주가 있는 편이었지만, 더 중요한 것은 필자의 다양한 경험들이 글쓰기에 큰 도움이 되었다. 필자의 선친께서는 79년 80년 무렵에 찾아온 돼지 파동으로 파산하셨고, 급기야 가출에 노숙자 신세까지 하시면서 강원도 영월에 있는 탄광에서 채광하는 일을 하시기도 했다. 그 바람에 대학 진학을 포기하고, 고3 겨울방학 때부터 필자는 선친과 함께 막노동판에서 일을 해야 했다. 그러다가 어쭙잖게 대학생이 되었고, 그 기간을 공부보다는 연극으로 시간을 보내게 되었다.

  맏아들로 태어난 필자는 모태신앙으로 세상에 눈을 뜨자마자 어머니의 서원기도 덕분에 결국 목회자가 되었다. 목회자가 된 후에도 하나님께서는 내게 주신 달란트를 그대로 사용하셨다. 글쓰기와 연극, 각종 사회봉사와 강사 활동, 그리고 목회자와 부흥사로서 복음을 전하는 일에 하나님은 조금도 손해를 보지 않으시고 필자를 부르셔서 사용하셨다.

  필자가 목회자가 되어서 교회사역을 하는 동안 지금까지 줄곧 미자립교회를 담임했지만, 하나님께서는 두 자녀를 책임져 주셨다. 작은아들은 한동대를 졸업해서 창업했고, 개인기업을 운영하는 경험을 쌓더니, 지금은 스카우트 되어서 작은 회사를 상장기업으로 만든 주역이 되었다. 큰아들은 서울대를 졸업하고 서울대 대학원에서 석사학위를 받은 후에 미국 유학의 길을 준비하고 있다. 서울대 교수가 꿈이라는 큰아들에게 필자는 어려서부터 '통일 대한민국의 첫 번째 국무총리'가 되게 해 달라고 기도했었다. 우리의 기도를 들으시는 하나님께서 일을 행하시고 성취하실 줄 믿는다.

  요즘 '워라벨'이라는 말이 유행이다. '일(work)과 삶(life)에 있어서 어떻게 균형(balance)을 맞추며 살 것인가?'라는 문제가 현대인에게는 최대의 숙제라는 얘기다. 다시 말하면, 최고의 가치를 누리며 살고 싶은 인간의 욕망을 대변하는 말이 '워라벨'이다. 그래서 한때는 웰빙(well-being)이라는 말이 나왔고, 웰다잉(well-dying)이라는 말까지 생겨났다. 결국 인간은 이 세상을 사는 동안 누구나 최고로 행복하며, 즐겁고 보람이 있게 살기를 바란다는 말이다.

그런데 이런 인간의 욕망 때문에 생긴 폐단이 있다. 그것은 오로지 자기만 생각하고, 그저 앞만 보고 달리다가 소진되고 마는 불행한 일이 생긴다는 것이다. 사람의 눈이 앞에 달려 있지 않고 잠자리 눈처럼 겹눈이었다면, 그런 일은 일어나지 않았을지도 모른다. '삼인행(三人行)이면 필유아사(必有我師)'라고 하지 않았던가? 내 주변에 얼마나 많은 사람이 있느냐가 나를 더 객관적인 사람으로 만들 수 있는 이유다.

사람이 살아가면서 사람을 만난다는 것은 매우 즐거운 일이다. 물론 대인기피증으로 고통을 호소하는 사람들도 있기는 하지만, 아무런 조건 없이 만나서 가볍게 차 한잔 마실 수 있는 사람이 있다면, 그건 또 다른 행복의 시작을 의미하는 것이다.

사람마다 그 사람에게서 풍기는 향기가 있다. 외모나 인상착의만 보고서 선입견을 품는 건 사람을 대하는 좋은 태도가 아니다. 그냥 만나보는 거다. 그 사람이 무슨 말을 하는지, 그 사람이 무슨 일을 하는 사람인지, 그냥 두고 보면 알게 된다.

필자는 주간으로 발행되는 크리스천경남신문에 여러 가지 주제로 성경에 대한 시리즈를 연재해 왔다. 지금은 성경 인물 시리즈를 스토리텔링 형식으로 매주 연재하고 있다. 성경 인물 시리즈만 해도 지금까지 330회 이상 연재를 하는 중이다. 그러다 보니, 그동안 썼던 글들을 하나씩 하나씩 엮어서 옴니버스(omnibus) 형식으로 묶어 보고 싶었다. 한 가지 아쉬운 것은 이 책에 소개된 사람들이 모두 성경 속의 인물들이기 때문에 크리스천이 아닌 경우에는 다소 거부감이 들 수도 있겠고, 생소하거나 낯선 인물들일 수도 있다는 점이다. 그러나 이 책을 꼭 신앙 도서라고 규정짓고 싶진 않다. 등장인물들이 성경 속의 인물들이긴 하지만, 필자는 그들의 삶에서 또 다른 인간적인 고뇌와 갈등, 순수한 기쁨과 만족을 누리며 살았던 사람들을 독자들에게 소개하는 것뿐이기 때문이다.

이번 책에서는 아주 괴팍하거나 아주 못된 사람들의 이야기는 제외했다. 그래서 어쩌면 여기에 소개된 사람들은 그냥 평범한 우리들의 모습일 수도 있다.

이 책에 등장하는 사람들이 모두 성경 속의 인물들이다 보니, 수천 년 전에 살다 간 사람들을 필자가 지금 다시 소환해서 만났다는 것이 어불성설처럼 들릴 수도 있을 것이다. 당연히 그 사람들을 직접 만난 것은 아니다. 필자의 무한한 상상 속에서 그들과 만나서 이야기를 나누고, 그들을 여러 시점에서 관찰한 것을 글로 쓴 것이다.

이 책은 필자가 성경을 읽으면서 상상 속에서 만난 사람들과 이야기를 나누고, 그들의 개인적인 이야기들을 재미있게 재구성해서 스토리텔링 형식으로 독자들과 만나게 하려고 쓴 것이다. 그래서 필자가 만난 사람들이 어떤 사람들이었는지, 살짝만 드러내는 정도일 뿐이다. 독자들은 필자가 만난 사람들에 관한 이야기들을 한 줄씩 읽어 가면서, 자연스럽게 그들을 만나게 될 것이고, 그들의 삶과 인생 이야기에 빠져들게 될 것이다.

　평범하게 살았으나, 전혀 평범하지 않은 사람들의 이야기가 여기 있다. 이 책을 읽는 동안 어디에선가 자기 모습을 보게 될 것이다. 사람 사는 모습은 다 똑같기 때문이다. 이 책에 등장하는 인물들의 모습이 가엽게 보인다거나, 동경의 대상이 된다거나 혹은 질투의 대상이 될 수도 있다. 그러나 이 모든 감정을 극복하고 나면, 사람에 대한 사랑의 마음이 생길 것이다.

　한가지 부연해서 설명한다면, 이 책은 인물평을 위해서 쓴 것이 아니라는 점이다. 누구의 약점을 드러내려 했다거나, 또는 개인의 수치나 감추고 싶은 것을 끄집어내려고도 하지 않았다. 그리고 장황스러운 개인의 전기를 기록한 것도 아니다. 때로는 단편적인 사건만 기록하기도 했고, 전체적인 삶을 압축적으로 조명해 보기도 했다. 그래서 다소 아쉽기도 했으며, 글을 쓰는데 더 조심스럽기도 했다. 가급적 그들의 삶을 아름답게 기록하기 위해서 노력한 흔적들이 군데군데 남아있는 것을 보게 될 것이다. 그들도 우리와 마찬가지로 아름다운 모습을 남기고 싶었을 것이기 때문이다.

그런 점을 염두에 두고서 독자들을 배려하는 마음으로 글을 썼다. 그래서 한쪽으로 치우치지 않도록 애를 썼다. 그래도 혹시라도 오해의 소지가 될 수 있는 부분이 있다면, 넓은 아량으로 이해해 주시기를 바란다. 모든 독자에게 만족을 드리지 못하는 점도 미리 양해를 부탁드린다.

누구에게나 꿈은 있다. 다행히 그 꿈을 소중하게 간직하면서 각자의 인생에서 멋지게 꿈을 펼쳐나간 사람들도 있지만, 어떤 사람들은 자기에게 꿈이 있었다는 것도 모르고 그냥 마지못해 살거나 어영부영 살다 가는 사람들도 많이 있다. 그런 사람들을 위해서 이 책에는 많은 사람들의 이야기를 담았다. 이 책 속에서 독자는 자신과 똑같이 닮은 사람을 만날 수도 있다. 그래서 망치로 한 대 얻어맞은 듯한 느낌을 받을지도 모른다. 그러나 독자는 이 책을 통해서 자신을 닮은 그 사람이 수천 년 전엔 어떤 모습으로 살았는지 살펴보면서 신선한 충격을 받게 될 것이다. 그리고 자신의 삶을 수천 년 전에 대신 살아준 그 사람들을 보면서 독자들은 스스로 자신의 삶을 코칭 받을 수 있을 것이다.

나를 대신해서 살아준 그 사람을 이 책 속에서 꼭 만나길 바란다. 그리고 그에게 또는 그녀에게 고맙다고, 애썼다고, 사랑한다고 이 한마디 말을 꼭 전해주기를 바란다. 어쩌면 왜 그렇게 살았냐고 원망하거나 면박을 줄 수도 있겠지만, 그들의 시간은 이미 다 지나가 버리고 말았다. 그리고 언젠가는 우리의 시간도 그렇게 지나가게 될 것이다.

단편소설처럼 편안하게 읽다 보면 그들에게 해 주고 싶은 말이 있듯이, 누군가도 당신에게 해 주고 싶은 말이 있을 거라는 걸 깨닫게 되는 순간, 당신은 이 책을 또 다른 누군가에게 소개하게 될 것이다.

집필에 도움을 주신 크리스천경남신문 임직원들과 사랑하는 아내 윤외숙 전도사와 우리 가족들, 그리고 누구보다도 할아버지의 이야기를 재미있게 들어주는 사랑하는 손자 하온이와 이안이에게 먼저 이 책을 전하고 싶다. 일평생 나를 키워주시고, 목사로 만들어 주신 나의 어머니 한형순 권사님께도 깊은 감사를 드린다.

2025년 겨울 햇살 아래에서

1부
예수님의 최측근 인사들과의 만남

1-1 미혼모 마리아 ………………………………… 30
1-2 어쩌다 아빠가 된 요셉 ……………………… 35
1-3 땡 잡은 베드로 ………………………………… 41
1-4 숨은 일꾼 안드레 ……………………………… 46
1-5 평범한 그리스도인으로 살고 싶었던 야고보 … 50
1-6 사랑의 사도, 요한 …………………………… 54
1-7 짠돌이라고 놀림 받은 빌립 ………………… 58
1-8 평범했지만, 전혀 평범하지 않았던 바돌로매 … 63
1-9 확실한 믿음의 소유자, 도마 ………………… 68
1-10 일등을 원했던 마태 ………………………… 73
1-11 기도의 사람, 야고보 ………………………… 77
1-12 열심당원 시몬 ………………………………… 81
1-13 흔적도 없이 사라져 버린 다대오 …………… 85
1-14 가롯 사람 유다 ……………………………… 90

1부 예수님의 최측근 인사들과의 만남

'최측근 인사'라는 말이 언제부턴가 다소 듣기 거북한 부정적인 의미로 쓰이기 시작했다. 그만큼 최측근 인사들 때문에 벌어지는 부정과 비리 문제가 심각한 것이 사실이다. 권력의 최정점에 있는 사람과 친하게 지낸다거나, 지연, 학연, 혈연 등으로 엮여서 가깝게 지낸다는 것이 특권으로 작용하면서 빚어진 문제일 것이다.

보통의 사람들은 흔히 권위와 권력을 잘 구분하지 못하고 혼동하는 경우가 많다. 사람에게서 나오는 에너지를 권위와 권세라고 봤을 때, 모든 사람에게는 동일한 권위와 권세가 있다. 다만, 그 경중을 따져서 자기보다 더 큰 에너지를 가진 사람에게 굴복하거나 거기에 빌붙어서 그 에너지를 자신의 것으로 끌어서 쓰려는 사람들이 문제일 뿐이다. 그것이 심하게 되면, 국정도 가지고 논다는 국정농단까지 비화하기도 하니 말이다.

실제로 예수님의 최측근 중에서도 온갖 개인적인 욕심을 차렸던 인물도 있었다. 가롯 사람 유다의 경우가 그랬다. 예수님과 가까이 지내면서도 그분의 선하신 영향력을 받기는커녕 오히려 그 속에서 암적인 존재로 살다 간 사람이 바로 가룟 유다였다. 결국 그의 종말은 비극으로 끝나고 말았다. 그러나 그 외의 사람들은 예수님과 가까운 친분을 유지하면서 나름대로 최선을 다해서 주님을 위해 희생하는 삶을 살았다. 그들은 늘 예수님과 근접 거리에서 예수님을 지켜보고 있었다. 부족하지만, 나름대로 언제든지 예수님의 손과 발 역할을 했던 사람들이다.

아무 영문도 모른 채 성령으로 예수님을 모태에 임신했던 마리아를 생각해 보라! 어린 나이에 그녀가 겪었을 고통은 그 누구도 알지 못할 것이다. 졸지에 누구의 아인지도 모르는 아이의 아빠가 되어서 양육자가 되었던 요셉은 또 어떠했을까? 예수님의 최측근 중에서 최측근이었던 요셉과 마리아의 삶을 조금이라도 들여다본다면, 그들의 희생과 순종의 삶은 우리에게 의미하는 바가 클 수밖에 없다.

1부에서는 육신의 부모로서 해야 할 역할을 다했던, 마리아와 요셉을 아주 짧게 소개했다. 그리고 예수님의 공생애 기간 3년 6개월의 시간을 함께 보냈던 예수님의 열두 제자들을 언급했다. 독자들은 그들을 만나는 동안 그들이 가졌던 순수한 마음과 열정, 그리고 자부심을 느낄 수 있을 것이다. 때로는 좌충우돌하며 깎이고 깎이면서 성숙해지는 제자들의 모습이 어쩌면 우리의 모습과 같다고 생각하게 될 것이다. 제자 중에는 안타까운 사연을 가진 제자들도 있다. 그래서 우리 맘이 더 아픈 건지도 모르겠다.

물론 예수님의 인선 과정은 치밀하게 계획된 것이었음을 부인할 수 없다. 독일 군대에서 나온 얘기로는 먼저 똑똑한 사람과 멍청한 사람을 분류하고, 부지런한 사람과 게으른 사람을 분류한다고 한다. 그렇게 해서 똑부(똑똑하고 부지런한 사람), 똑게(똑똑하지만 게으른 사람), 멍부(멍청하지만 부지런한 사람), 멍게(멍청하고 게으른 사람)로 구성원들의 성향을 다시 조합해서 구분한다고 한다. '똑게'는 사령관이 되고, '똑부'는 참모가 된다. '멍부'는 충실한 부하가 되지만, '멍게'는 아무짝에도 쓸모없는 사람이 된다는 것이다. 예수님의 인선에도 '똑부'와 '똑게', '멍부'와 '멍게'를 반영하셨겠느냐는 엉뚱한 생각도 해 보았다.

아무튼 그동안 갖고 있던 편견만 내려놓는다면, 예수님과 가장 가까웠던 사람들의 이야기를 통해서 또 다른 나의 모습을 발견하게 될 것이다. 어찌 보면, 우리들도 예수님의 제자들이 아닌가? 아무 생각 없이 살다가 어느 날 우연히 만나게 된 예수, 그분이 불러 주셔서 우리가 예수님의 제자들이 되었으니 말이다.

그렇다면, 예수님의 최측근이 된 우리들은 어떠할까? 예수님의 최측근이라는 이유만으로 어깨에 힘만 주고 있을 수는 없는 노릇이다. 나름대로 역할을 충실히 다하고, 오직 주님만 드러내는 사람들이 되어야 한다.

머리가 좋은 사람이라면 예수님의 참모가 되어야 하고, 부지런한 사람들은 그저 입은 꾹 다물고, 열심히 손과 발을 움직여야 한다. 자기 이름을 드러내기보다는 이름도 없이 빛도 없이 묵묵히 살아내는 것이 필요하다. 누가 알아주기를 바라는 사람은 지극히 초보적인 신앙인이다. 혹시 그런 사람이 예수님의 최측근이 되었다면, 자신을 그리스도께 복종시키는 훈련이 필요할 것이다.

그리고 이왕에 우리가 예수님의 최측근 인사들이 되었으니, 정말 멋지고 값진 사람으로 살아가기를 진심으로 바란다. 1부에서 소개하는 열네 명의 사람 중에 굳이 누구 한 사람을 콕 짚지 않더라도 말이다.

그러면 예수님의 최측근 인사들을 하나씩 만나보기로 하자!

미혼모 마리아

성경 속의 인물들을 찾아다니던 필자는 동네 어귀 공터에서 짓궂은 사내아이들에게 놀림을 받고 있던 마리아라는 소녀를 만났다. 아이들은 마리아를 가운데 놓고서 마리아의 이름을 가지고 놀려대고 있었다.

"너 마리아, 그러면 안 된단 마리아!"

이내 소녀는 울음을 터뜨리고 말았다. 아이들에게 한바탕 호통을 쳐서 쫓아버리고는 울고 있는 마리아를 달래서 집으로 데려갔다. 마리아의 집은 갈릴리호숫가에서 멀지 않은 곳에 있었다. 마리아의 아버지는 연신 고맙다며 몇 번씩이나 고개를 숙여 인사를 했다.

마리아의 아버지는 마리아가 사춘기에 접어들면서 이름 때문에 엄청 스트레스를 받고 있다고 했다. 마리아라는 이름은 이스라엘에서는 아주 흔한 이름인데, 히브리어로는 미리암이라고 쓰고, 갈릴리 지방에서는 아람어로 마리아라고 부른다고 했다.

구약 시대 모세의 누이 미리암의 이름을 따서 만든 좋은 이름인데,

동네 아이들이 자꾸만 놀려댄다면서, 마리아의 아버지는 무척이나 속상해했다. 그래서 빨리 결혼을 시켜서 시집을 보내려고 미리 약혼까지 해 놓은 상태라고 했다. 그런데 아이가 요즘 이상해졌다는 것이다. 뭘 잘못 먹었는지 자꾸 헛구역질을 해서 동네 의원을 불러서 진맥해 보았는데, 고개만 갸웃거리더니, 헛기침만 하고는 말도 없이 가 버렸다는 것이다.

필자는 그 상황을 잘 알고 있었기에 마리아의 아버지와 긴 시간 이야기를 나누면서, 장차 마리아에게 일어날 일에 대해서 살짝 귀띔해 주었다. 그러자 마리아의 아버지는 노발대발 화를 내면서 마리아를 불러서 닦달하기 시작했다. 마리아는 억울해하며 자기 방으로 들어가서는 문을 잠그고 밤새도록 울었다.

며칠이 지나서 마리아를 다시 만났다. 마리아는 자기의 약혼자 요셉을 만나고 싶다고 했다. 필자는 지난주에 요셉을 만나서 자초지종을 다 설명했다고 말하고는 일찍 서둘러서 결혼식을 올리라고 일러주었다. 양가 부모님들은 모두 경황이 없었다. 더구나 주변의 랍비들은 아무도 주례를 서 주지 않겠다고 해서 엉겁결에 필자가 주례를 서 주기로 하고, 청첩장도 없는 결혼식을 얼렁뚱땅 마쳤다. 마리아의 친구들은 너무 어렸기 때문에 부케를 받아 줄 친구도 없었다. 일생에 단 한 번뿐인 결혼식을 그렇게 얼렁뚱땅 마친 마리아는 남산처럼 부른 배를 감당치 못하고 있었다.

그런데 요셉은 난데없이 호적을 등록하러 베들레헴으로 가야 한다고 말했다. 요셉이 없는 집에서 혼자 있을 수 없었던 마리아는 어쩔 수 없이 신랑 요셉을 따라서 호적을 정리하러 베들레헴으로 향했다. 산달이 임박했던 마리아는 요셉이 원망스럽기만 했다. 하지만, 각기 자기 본적지에 가서 호적을 등록하라는 로마 황제의 명을 어길 수는 없는 노릇이었다.

결국 영문도 모른 채 임신한 마리아는 남편의 호적지인 베들레헴에서 산파도 없이 짐승 우릿간에 들어가서 아기를 낳게 되었다. 마리아는 너무나 슬펐다. 그런데 어떻게 소식을 알고 왔는지, 동쪽 나라에서 세 사람의 박사들이 황금과 유향과 몰약을 아기에게 선물로 주고 가면서 축복의 인사를 전해주었다.

아기의 이름을 '예수'라고 지어 주었다. 이스라엘의 구원자가 되라는 뜻이었다. 태교도 제대로 못 하고 두려움과 걱정 속에서 낳은 아기였지만, 다행히도 아기는 별 탈 없이 잘 자라주었다. 목수 일을 하는 남편은 성실하고 착했지만, 마리아는 늘 쪼들리는 생활 때문에 신혼생활의 재미도 느끼지 못한 채 육아에만 전념하면서 젊은 시절을 다 보냈다. 자식 복은 왜 그리도 많았는지, 그 후에도 줄줄이 아기들을 낳았고, 그렇게 마리아의 청춘은 끝이 났다.

그런데 이게 웬일인가? 멋모르고 낳아서 길렀던 아기가 성인이 되어 서른 살이 되었을 때, 자신은 하나님의 아들이기 때문에 목회자의 길을 가겠다며 집을 나가 버린 것이다. 그나마 사별한 남편을 대신해서 목수로 일을 하며 살림에 도움을 주었던 아들이 집을 나가고 나니, 막막하기만 했다. 아니나 다를까? 아들 예수는 가는 곳마다 사고만 치고 다녔다. 부귀영화는 고사하고 제 명에도 못 죽겠다는 생각이 들 정도로 아들은 늘 엄마 속을 썩였다. 굳이 그렇게 사는 것이 하나님의 일이냐고 말려보기도 했지만, 아들의 대답은 너무나 매정했다. "이제 더 이상 당신은 내 어머니가 아닙니다. 내 어머니와 내 형제들은 하나님의 뜻대로 사는 여기에 있는 이 사람들입니다."

그러더니 예수는 빈민 목회가 사명이라면서 가난하고 소외된 사람들을 찾아다녔다. 세리와 창기들을 챙겨주는 인권운동가로 변해 버린 것이었다. 마리아는 그런 아들을 보면서 기도 밖에는 달리할 수 있는 것이 아무것도 없었다. 남들은 아들이 출세를 해서 한 달에 얼마씩 용돈도 보내준다는데, 마리아는 아예 그런 기대는 할 수도 없었다.

급기야 아들이 십자가에 달려 죽는 모습을 두 눈으로 지켜보면서, 마리아는 심장이 터질 것 같은 슬픔을 겪어야만 했다. 까딱 잘못하다가는 미쳐버릴 것만 같았다. 간신히 정신을 추스르고 난 마리아는 모든 것을 하늘의 뜻으로 돌리고, 남은 아이들을 돌보면서 그냥 저냥 살기로 했다.

남들은 성모(聖母)라고 추켜세웠지만, 필자가 본 마리아는 그냥 늙은 할머니에 지나지 않았다. 그녀는 우여곡절 끝에 역사의 한 페이지 속에서 평생을 가슴 졸이며 살다 간 갈릴리 나사렛의 한 주민일 뿐이었다.

다만, 처녀가 애를 낳아도 할 말이 있다는데, 마리아는 아무 변명도 할 수 없는 그런 딱한 처지의 여인이었다. 그녀는 하나님의 뜻을 순종하느라 죽지 못해 살고는 있었지만, 자식을 먼저 보낸 어미로서 할 말이 없다는 말만 남기고는 총총걸음으로 어디론가 급히 사라져 버렸다.

어쩌다 아빠가 된 요셉

유다 지파는 다윗의 가문으로 명문가 중의 명문가였다. 그러나 그의 후손이라고 해서 다 부귀영화를 누린 것은 아니었다. 유다 지파이면서도 지방 변두리인 갈릴리 나사렛에서 목수 일을 하며 청춘을 보낸 사람이 있었으니, 그의 이름은 요셉이었다.

요셉은 가문의 영광은 둘째 치고서라도 열심히 일을 하는 것만으로도 즐거웠다. 그러나 그의 일은 해도 해도 끝이 없었고, 일에 비해서 수입이 너무 적었다. '입에 풀칠하기도 바쁘다'라는 말은 요셉을 두고 한 말일 것이다. 요셉의 아버지 헬리는 평소에 친하게 지내던 자기 친구의 딸 마리아를 일찌감치 며느릿감으로 점찍어 두고 있었다. 그 바람에 요셉은 일면식도 없는 마리아를 아내로 맞아야 한다는 부담감 때문에 다른 여자와의 연애는 아예 꿈도 꿀 수 없었다.

그러던 어느 날, 뛰어난 손재주와 꼼꼼한 성격으로 목수가 천직이라 여기며 열심히 살던 청년 요셉에게 청천벽력과 같은 소식이 들려왔다. 약혼녀인 마리아가 임신했다는 거다. 손 한번 잡아본 적이 없었던 그녀가 임신했다는 소식에 요셉은 눈앞이 캄캄해졌다. '열 길 물속은 알아도 한 길 사람 속은 모른다고 했던가? 도대체 그녀에게 무슨 일이 있었던 것일까? 얌전한 고양이가 부뚜막에 먼저 올라간다더니…. 아니지, 그럴 리가 없지! 어떤 못된 놈이 곱디고운 우리 마리아를?'

생각하면 할수록 분통이 터져서 참을 수가 없었다. 생각은 꼬리에 꼬리를 물고, 자꾸만 이상한 방향으로 흘러가고 있었다. 이러다가는 뭔 일을 저질러도 저지를 것만 같았다. 그러나 요셉은 그럴 만한 인물도 아니었다. 참고 또 참다가 결단을 내렸다. 마리아와의 약혼은 없었던 것으로 하고, 다른 여자를 찾아보기로 한 것이다.

그런데 만일 처녀인 마리아가 임신했다는 사실이 알려지게 된다면, 마리아도 온전치는 못할 것은 뻔한 노릇이었다. 당시의 율법은 무시무시했기 때문에 처녀가 임신했다는 사실이 알려지면, 돌에 맞아 죽을 것이 뻔했다. 그만큼 처녀의 임신 사실은 죄질이 매우 나쁜 것이어서 요셉은 이러지도 저러지도 못하고 끙끙 앓고 있다가 깜빡 잠이 들었다.

너무 신경을 많이 쓴 탓이었을까? 요셉은 잠깐 잠이 든 사이에 꿈을 꾸었다. 주의 사자가 꿈에 나타나서 '마리아가 잉태한 것은 성령으로 된 것이니, 마리아를 아내로 맞이하는 것에 대해서 주저하지 말라!'고 했다. 그러면서 천사는 아들의 이름을 '예수'라고 지으라고 했다.

'예수'라는 이름은 그 당시에 흔한 이름이었다. 로마의 지배하에 있었던 이스라엘 백성들은 자기 백성들을 그들의 죄에서 구원할 자를 애타게 기다리고 있었기 때문에 그런 의미로 종종 '예수'라는 이름을 지어 주곤 했다. 요셉은 꿈에서 깨어나자마자 성경을 펼쳐서 선지자 이사야의 글을 읽어 보았다.

"보라! 처녀가 잉태하여 아들을 낳을 것이요, 그의 이름은 임마누엘이라 하리라!"

요셉은 꿈이 너무나 구체적이라서 놀랍기만 했다. 결국 그것이 곧 태몽이 되었다. 요셉은 마리아를 데려왔지만, 감히 첫날밤을 치를 수가 없어서 아기를 낳을 때까지 한 번도 마리아와 동침하지 않았다.

그런데 그때부터 일이 꼬이기 시작했다. 로마 황제 가이사 아구스도의 칙령이 내려진 것이다. 모든 백성은 자기의 본적지로 가서 호적을 정리하라는 명령이었다. 요셉은 만삭이 된 아내를 데리고 본적지인 베들레헴으로 갔다. 그러나 이미 여관마다 사람들이 넘쳐나서 들어갈 자리가 없었다. 무일푼이었던 요셉은 허름한 마구간 하나를 간신히 빌려서 마리아의 해산을 지켜봐야 했다. 그럴 줄 알았으면, '아버지 학교' 프로그램이라도 미리 수강했으면 얼마나 좋았을까 싶었다. 아무런 준비도 없이 갑자기 아빠가 된 요셉은 모든 것이 다 어리둥절하기만 했다.

엎친 데 덮친 격으로 두 살 이하의 사내아이들은 다 죽이라는 헤롯왕의 명령이 떨어졌다. 요셉은 어린 아기를 끌어안고 또다시 이집트로 피난을 떠나야 했다. 한참 만에 헤롯이 죽었다는 소식을 전해 듣고서야 다시 갈릴리 나사렛으로 돌아왔지만, 요셉은 경제적인 어려움 때문에 아들 예수에게 이렇다 할 교육도 시킬 수가 없었다. 요셉은 어려서부터 남달리 총명하고 똑똑했던 아들에게 목수 일을 시켜야 하는 것에 대해서 늘 미안한 마음을 가지고 있었다.

요셉은 아빠이면서도 아들 예수를 똑바로 쳐다볼 수가 없었다. 어린아이답지 않은 영특함은 물론이었고, 차분하고 조용한 성격 때문에 항상 아들에게 압도당했다는 것이다. 말하는 것도 너무 점잖아서 동네 사람들은 예수를 일컬어 '애어른'이라는 말을 많이 했다.

요셉이 아들에게 항상 눌렸던 것은 인성뿐이 아니었다. 예수의 영성은 매우 특별했다. 예수는 사춘기가 되어도 한 번도 짜증을 내거나 투정을 부린 적이 없었다. 항상 뭔가를 묵상하면서 자기만의 시간을 가졌던 아들이었기 때문에 아버지로서도 가타부타할 게 전혀 없었다.

그렇게 착하고 의젓했던 아들이 어느덧 장성해서 서른 살이 되던 어느 날이었다. 언제나 성실하고 착해서 한 번도 부모의 마음을 아프게 한 적이 없었던 아들이 갑자기 부자의 인연을 끊어버리고 집을 나가겠다고 말했다. 사춘기 방황이 서른 살 나이에 찾아온 것일까?

요셉은 또 한 번 하늘이 무너지는 것 같은 충격을 받았다.

'기구한 운명'이라는 말은 하나님의 자녀들이 할 말은 아니었지만, 인생이 너무나 힘들다는 생각이 들었다. 요셉은 누구에게도 털어놓을 수 없는 고민을 끌어안고서, 수없이 많은 밤들을 뜬눈으로 지새웠다. 아버지라는 자리에 앉았으면서도 아들과는 언제나 서먹한 관계였던 요셉은 늘 마음이 편치 않았다. 평생을 마리아에 대한 미안함과 아들 예수에 대한 고민으로 맘 편하지 못한 삶을 살았던 요셉은 무슨 영문인지 젊은 나이에 요절하고 말았다. 어쩌면 인간으로서는 감당할 수 없는 고통이 그의 생을 일찍 마치게 했는지도 모른다.

필자는 요셉이 자기 이야기를 털어놓는 동안 아무 말도 할 수 없었다. 가슴이 먹먹하다는 표현을 이럴 때 쓰는가 보다. '하나님께서는 당신의 뜻을 이루시기 위해서 한 사람의 일생을 이렇게 힘들게 하셔야 했을까?'라는 의문도 생겼다. 그러나 요셉은 담담하게 말했다.
"그때는 몰랐소이다. 그런데 이 모든 것이 합력하여 선을 이루게 된 것 아니겠소? 인생의 고비가 올 때마다 죽고 싶은 생각이 많이 들었지만, 때가 되니까 하나님께서 나를 데려다가 편안히 쉬게 하시는가 봅니다!"

요셉의 말을 들으면서 나도 모르게 눈물이 흘렀다. 요셉이 겪었을 힘들고 어려웠던 유년 시절과 청년 시절을 생각하니 마음이 아팠다. 그리고 가장으로서 떳떳하게 가족을 행복하게 해 줄 수 없었던 요셉, 아빠로서 자녀들에게 온전한 사랑을 마음껏 전해주지 못한 채 가슴 속으로 사랑만 안고 떠나가는 그의 뒷모습이 애처롭기만 했다. 필자는 그에게 짧은 위로의 말만 남기고 자리에서 일어섰다.

'그것은 누구의 잘못도 아니었다.'라고, '그동안 가족을 위해서 고생이 너무 많으셨다.'라고….

땡 잡은 베드로

　헬라어 원어로 "쉬 에이 호 크리스토스 호 휘오스 투 데우 투 존토스"는 '주는 그리스도시오, 살아계신 하나님의 아들이시니이다!'라는 뜻이다. 이 말은 베드로의 입에서 나온 말이다. 예수님께서는 이 믿음의 고백 위에 교회를 세우시겠다고 말씀하셨다. 일개 어부였던 사람이 예수님의 수제자가 된 베드로! 그가 어떻게 이런 위대한 고백을 할 수 있었을까?

　베드로는 갈릴리 지역의 어부였다. 동생 안드레와 함께 어부 생활을 하면서 특유의 감각으로 갈릴리 지역에서는 손꼽히는 베테랑 어부로 소문이 나 있었다. 야고보와 요한 두 형제와 동업을 하면서 베드로는 갈릴리 지방에선 수산업계의 대부로 불렸다. 어린 시절부터 갈릴리 지역에서 잔뼈가 굵었기 때문에 다른 건 몰라도 고기 잡는 일만큼은 둘째가라면 서러운 사람이 바로 베드로였다. 다시 말하면, 고기 잡는 일 밖에는 할 줄 아는 것이 하나도 없다는 뜻이기도 했다. 그러나 그저 단순 노무직 종사자였던 베드로였지만, 자기 일 하나만큼은 무척이나 열심인 사람이었다.

 갈릴리 지역에서는 주로 밤에만 고기가 잡히기 때문에 낮에는 그물을 손질하고 어구(漁具)를 정리하는 일로 바쁘게 손을 놀리다가 밤이 되면 본격적으로 조업에 나섰다. 그런데 베드로는 배를 타고 고기잡이를 나가면, 고기가 잡히든지 안 잡히든지 밤을 새워서 그물을 던지는 사람이었다. 좋게 말하면 포기할 줄 모르는 성실한 사람이었다고도 할 수 있겠지만, 솔직히 말하면, 융통성도 없고 고집이 센 사람이었다.

 갈릴리 어촌계에 속한 그 지역 어부들은 고기가 잘 잡히는 날에는 밤을 새워서 그물질했지만, 고기가 안 잡히는 날엔 일찌감치 포기하고 그물을 정리해서 돌아오곤 했다. 그런데 베드로는 고기가 잡히든지 안 잡히든지 밤을 새워서 빈 그물을 수도 없이 던지고 다시 끌어 올리기를 반복하다가 아침을 맞는 우직한 사람이었다. 아마도 예수님께서 베드로를 제자로 부르셨던 이유 중에 가장 큰 이유가 포기할 줄 모르는 베드로의 우직한 성격 때문이 아니었을까 싶다.

 베드로의 원래 이름은 시몬이었다. 예수님이 시몬을 처음 만나셨을 때, '바요나 시몬'이라고 부르셨다. '바요나 시몬'이라는 말은 '요한의 아들 시몬'이라는 뜻이다. 시몬이라는 이름은 당시 유대 지방에선 흔한 이름 중의 하나였다. 예수님께서는 시몬을 제자로 부르시면서 그의 이름을 '게바'(케파스)라고 개명해 주셨다. 예수님께서는 유대인이시기 때문에 히브리어를 쓰셨지만, 종종 아람어를 섞어서 쓰기도 하셨다. 예수님께서 붙여주신 '게바'라는 이름이 시몬의 아람어 이름이다. 게바를 헬라어로 번역하면 페트로스, 즉 베드로다.

베드로는 원래 벳새다 사람이었는데, 나중에 장모님을 모시고 가버나움에서 살게 되었다. 투박한 갈릴리 사투리를 썼던 베드로는 무뚝뚝한 경상도 사나이와 너무나 닮아 보였다. 베드로는 나름대로 통솔력이 있었고, 뭔가 일이 막히면 돌파력이 대단한 사람이었다. 베드로가 잘 쓰는 말이 있었다.

"우리 갈릴리 사람들은 원래 화끈하다 아이가? 뭐든지 열심히 하다 보면, 다 되는 기라!"

그날도 베드로는 자기 동생 안드레와 함께 갈릴리 해변에서 바다에 그물을 던지고 있었다. 누가 봐도 그들은 어부였다. 그런데 갈릴리 해변을 지나시던 예수님께서는 대뜸 베드로를 부르시더니, "나를 따라오라! 내가 너희를, 사람을 낚는 어부가 되게 하리라!"고 하시는 것이 아닌가?

그 말에 베드로는 뒤도 안 돌아보고, 배와 그물을 다 팽개치고 예수님을 따라나섰다. 그때부터 베드로는 예수님의 수제자로서 예수님의 제자 열두 명 중에 맏형 노릇을 톡톡히 해냈다. 그런데도 베드로는 그의 직선적이고 불같은 성격 때문에 실수투성이라는 이미지를 지울 수가 없었다.

'주는 그리스도시오, 살아계신 하나님의 아들이시니이다!'라는 위대한 신앙고백을 하고 나서 불과 1시간도 채 안 되어서 예수님은 "사탄아! 내 뒤로 물러가라! 너는 나를 넘어지게 하는 자로다! 네가 하나님의 일을 생각하지 아니하고, 도리어 사람의 일을 생각하는도다!"라는 책망을 하셨으니 말이다.

베드로의 이런 좌충우돌하는 성격은 끝내 문제를 일으키고 말았다. 예수님께서 십자가에 달리시기 전날 밤, 예수님께서 체포되셔서 대제사장 가야바의 집 뜰에서 심문받으셨을 때의 일은 두고두고 베드로에게 아킬레스건이 되고 말았다. 나이 어린 여종의 질문에 세 번씩이나 예수님을 모른다고 부인하고 저주하며 맹세까지 했던 것을 두고 베드로는 자기 인생에서 최대의 실수였다고 말했다. 이는 예수님께서 이미 말씀하신 대로 "닭 울기 전에 네가 세 번 나를 부인하리라!"라는 말씀이 딱 맞아떨어졌기 때문이었다.

그 후로 베드로는 치킨집 앞도 지나다니지 못하는 부끄러운 사람이 되고 말았다. 오죽했으면, 예수님께서 부활하신 것을 보고서도 고향으로 내려가서 고기 잡는 어부 일을 다시 시작하겠다고 했겠는가?
그러나 예수님은 베드로를 끝까지 포기하지 않으셨다. 밤새도록 빈 그물질만 하고 있던 베드로 일행에게 찾아가신 예수님은 미리 준비해 두신 생선과 떡을 구워서 제자들에게 먹여 주셨다. 그 자리에서 예수님은 베드로에게 세 번의 질문을 하셨다.

"요한의 아들 시몬아! 네가 이 사람들 보다 나를 더 사랑하느냐? 요한의 아들 시몬아! 네가 나를 사랑하느냐? 요한의 아들 시몬아! 네가 나를 사랑하느냐?"

원어로 보면 예수님께서 말씀하신 '사랑하느냐?'라는 질문이 두 번은 '아가파스 메'로 물으셨고, 마지막 세 번째는 '필레이스 메'로 물으셨다. 그런데 베드로는 모두 '필로 세'로 대답했다. 예수님께서 원하셨던 답은 우정을 뜻하는 필로스가 아닌, 아가페, 즉 하나님의 사랑이었다. 닭 울기 전, 세 번씩이나 예수님을 부인했던 베드로는 '네가 나를 사랑하느냐?'라는 세 번의 질문 앞에서 얼마나 부끄럽고 죄송했을까?

결국 베드로는 오순절 날 마가의 다락방에서 성령을 받고 난 이후에야 제대로 된 사도의 직분을 감당하게 되었고, 결국 그도 십자가의 길을 가게 되었다. 그는 예수님처럼 십자가에 달려 죽는 것이 너무나 죄송해서, 십자가에 거꾸로 달려서 순교한 것으로 전해지고 있다. 필자와 밤새도록 이야기를 나누던 베드로는 더 이상 아무 말도 못 하고 눈물만 뚝뚝 흘리고 있었다.

숨은 일꾼 안드레

　안드레는 원래 세례자 요한의 제자였다. 요한이 요단강에서 회개의 세례를 베풀고 있을 때였다. 예수께서 세례를 받으러 나오시는 것을 본 요한은 넋을 잃고 이렇게 말했다. "보라, 세상 죄를 지고 가는 하나님의 어린 양이로다!"

　그때 요한의 제자 두 사람이 예수님의 제자가 되었는데, 그중에 한 사람이 바로 안드레였다. 그러고 보면, 안드레는 예수님의 첫 번째 제자였다고 말할 수 있다. 안드레는 예수님의 제자가 된 후에 제일 먼저 자기 형인 시몬을 찾아가서 자기가 메시아를 만났다고 말했다. 메시아는 '그리스도'라는 뜻이다. 결국 시몬 베드로는 자기 동생 안드레에게 전도를 받고, 예수님의 제자가 된 것이다. 그런데 '형만 한 아우가 없다.'더니, 형이라는 이유 하나로 시몬은 예수님의 수제자 자리에 오르는 행운을 얻게 되었다.

　필자는 삼 형제 중에 장남이라서 차남의 마음을 잘 헤아릴 수는 없지만, 독자 중에 장남이 아닌 차남들은 안드레의 마음을 어느 정도는 이해하리라 본다. 그렇다고 해서 안드레가 단순히 차남이었기 때문에 모든 것을 형에게 양보하고 손해만 보면서 살았던 사람으로 본다면, 그건 잘못된 생각이다. 성경을 읽어 보면, 안드레는 본래 성격이 온순한 사람이었고 대인관계에도 언제나 남을 나 보다 앞세워 주고 높여주는 그런 사람이었다는 것을 쉽게 알 수 있다.

보통의 경우 차남에게는 야곱 콤플렉스가 있다고 하지 않던가? 그래서 안드레를 볼 때마다, 연민의 눈으로 보기 쉽다. 하지만 사실 안드레는 그런 사람이 아니었다. 다른 것은 몰라도 좋은 것을 두고는 혼자 그것을 소유하고 소문을 안 내는 사람이 아니었다는 얘기다. 내가 좋으면 남에게 달려가서 그 좋은 것을 같이 소유하고 함께 나누고 싶어 했던 사람, 그 사람이 바로 안드레였다. 그래서 안드레는 가장 가까운 자기 형을 예수님께 모시고 갔고, 자기 형 시몬 베드로를 예수님의 수제자로 만들었다. 그런 면에서 안드레는 킹 메이커였다.

한번은 예수님께서 디베랴 갈릴리 바다 건너편에서 말씀을 전하고 계셨을 때였다. 그때도 수많은 사람들이 구름떼처럼 몰려 들었고, 허허벌판에서 무리는 끼니를 건너뛰어야만 했었다. 그 자리에서 예수님께서는 무리에게 먹을거리를 나누어 주라고 말씀하셨다.

그때 계산이 빠른 빌립은 예수님께 조목조목 식사 비용을 계산해서 예산서를 제출했지만, 안드레는 달랐다. 안드레는 무리에게 광고를 해서 먹을 것이 있는지 열심히 알아보고 다녔다. 고생 끝에 안드레는 어린아이가 가지고 있던 보리떡 다섯 개와 물고기 두 마리를 얻어다가 예수님께 드리면서, 이것밖에 못 구해 왔다면서 발을 동동 구르며 어쩔 줄 몰라 했다. 예수님께서는 안드레의 갸륵한 정성에 감동하셨고, 안드레가 구해 온 보리떡 다섯 개와 물고기 두 마리를 가지고 축사하시고는 제자들에게 나누어 주게 하셨다. 그것이 바로 우리가 잘 알고 있는 오병이어의 기적이 일어나게 된 계기였다.

그때 거기 모였던 무리는 젊은 남자 장정들의 숫자만 해도 5천 명이나 되었다니까, 남녀노소 다 합치면 수만 명이 되었을 것이다. 그 많은 사람들이 배부르게 먹고도 열두 광주리가 남게 된 기적은 어찌 보면 안드레의 그 성실함에서 비롯된 기적이라고도 보아도 과언이 아니다. 어떤 일을 할 때, 필요한 예산을 뽑아보는 것은 당연한 일이다. 그러나 그런 비용이 있어야 한다는 것을 모르는 사람은 없.

문제는 우리가 가지고 있는 것이 무엇인지 찾아보는 것이 중요하다. 그리고 많든지 적든지 그것을 가져다가 주님의 손에 드릴 때에 기적이 일어난다는 사실을 잊지 말아야 한다. 안드레는 예수님께서 원하시는 것을 드리기 위해서 발로 뛰었던 사람이었다.

하나님께서 찾으시는 일꾼은 머리가 좋고 계산이 빠른 사람이 아니다. 안드레처럼 발로 뛰고 발품을 팔아가면서 주님께 드릴 것을 찾아서 가져다드리는 사람이다. 가까운 친구나 형제에게 복음을 전해서 예수님의 제자가 되게 하는 사람, 안드레와 같은 사람을 예수님께서는 사랑하신다.

오늘처럼 추적추적 비가 내리는 날엔 안드레와 같은 따뜻한 사람을 만나고 싶다. 그와 함께 차를 마시면서 이야기를 나누다 보면, 사람이 어떻게 살아야 하는지 길이 보이지 않을까? 안드레와 같은 사람은 자기를 주장하는 법이 없다. 사람을 편하게 해 주는 사람, 그런 사람을 만나고 싶다. 안드레를 만나서 커피 한잔하자고 하면, 아마 틀림없이 커피값도 자기가 내겠다고 지갑을 열 것이 뻔했다. 그러나 이번만큼은 내가 안드레에게 커피 한 잔 대접해 드리고 싶었다. 필자도 안드레처럼 다른 사람을 행복하게 해 주는 그런 사람이 되고 싶기 때문이다.

'안드레'라는 이름은 '남자답다'라는 뜻을 가지고 있다. 흔히 남자답다고 하면 패기가 넘치고 야망을 품은 사람을 떠올리게 된다. 그런데 안드레는 자기 이름의 뜻처럼 그렇게 활달하거나 외향적인 성격의 소유자는 아니었다. 조용하게 자기 임무에 충실했던 안드레는 겉보기에는 내성적이었고, 오히려 여성적인 모습으로 비쳤다. 진짜 멋있는 사나이는 자기보다 남을 먼저 배려할 줄 아는 따뜻한 성격의 소유자가 아닐까?

평범한 그리스도인으로 살고 싶었던 야고보

신약 성경에는 야고보라는 이름을 가진 인물이 네 명 정도 등장한다. 그중에 오늘 독자들에게 소개하고자 하는 인물은 세배대와 살로메의 아들 야고보이다. 이분은 사도 요한의 형님이며, 예수님과는 이종사촌쯤 되는 것으로 전해지고 있다. 야고보 역시 베드로와 안드레처럼 자기 동생 요한과 함께 예수님의 제자가 됨으로써 예수님의 생애와 밀접한 관계를 맺고 있다. 그리고 원래 이분도 갈릴리 지역에서 어부 생활을 하셨던 분이다. 그래서 그런지 성경을 읽다 보면 이분의 성격이 매우 과격했고, 가끔 돌출 행동을 한 적도 있었다. 그러나 야고보 사도는 그럴 만한 충분한 이유가 있었다고 필자에게 하소연했다.

사실 필자도 야고보 사도를 개인적으로 만나보기 전까지는 그분에 대한 선입견이 있었다. 어쩌면 야고보는 혈통적으로 그런 사람이었을 것이라는 편견이었다. 왜냐하면 그분의 동생 요한과 함께 보아너게, 즉 '우레의 아들'이라는 별명이 따라다니고 있었기 때문이다. 그 별명에 대해서는 본인도 할 말이 없다고 했다.

한번은 예수님께서 제자들로 하여금 전도대로 파송하신 적이 있었다. 그때 예수님께서는 이미 어떤 일이 일어날 것인지를 다 내다보고 계셨다. 그래서 예수님께서는 평소에도 제자들에게 이런 말씀을 자주 하셨다.

"내가 너희를 보냄이 양을 이리 가운데로 보냄과 같도다. 그러므로 너희는 뱀같이 지혜롭고 비둘기같이 순결하라!"

이 말씀은 어떤 경우에도 너희들 성질대로 하지 말고, 한 번 더 기도하고 다시 한번 생각해서 판단하고 행동하라는 말씀이었다. 그렇게 어렵게 제자들을 어르고 달래면서 예수님의 공생애 기간을 보내고 있었는데, 드디어 예수님께서 예루살렘 성으로 들어가셔야 할 때가 되었다.

그런데 아니나 다를까? 바로 그때 야고보와 요한 두 형제가 결국 일을 내고야 말았다. 예수님과 제자들이 예루살렘으로 들어가기 위해서 사마리아 성을 지나가야 했는데, 사마리아 사람들이 길을 막고 통행을 방해하고 나선 것이었다. 그들에게는 일종의 지역감정이 있었다. 평소에 유대인과 사마리아인들은 상종도 되지 않던 사이였다. 사마리아 사람들은 상대적으로 열등감에 사로잡혀 있었고, 유대인들은 사마리아인들에 대해서 심한 증오심을 가지고 있었다. 그런 상태에서 사마리아 사람들이 고분고분 유대인들의 통행을 두고 볼 까닭이 없었다.

그때 야고보와 요한이 불끈 성질을 부리면서 예수님께 이렇게 말했다.

"그런 못된 놈들이라면, 우리가 불을 명하여 하늘로부터 내려 저들을 멸하라고 허락해 주십시오!"

한번 내뱉은 말은 주워 담을 수가 없는 법이 아니던가? 야고보와 요한은 졸지에 예수님께 꾸중을 듣게 되었다. 그리고 보아너게, 즉 '우레의 아들'이라는 딱지를 평생 달고 살게 되었다. 이렇게 성질이 급하고 자기 의에 사로잡혀 있었던 야고보였지만, 예수님께서는 베드로와 야고보, 요한을 다른 누구보다도 특별히 사랑하셨다. 그래서 변화산에 올라 가셨을 때와 회당장 야이로의 딸을 살리셨을 때, 그리고 겟세마네 동산에서 기도하실 때 이 세 제자만 특별히 대동하고 다니셨다.

야고보의 어머니 살로메는 치맛바람으로 유명한 여자였다. 예수님의 제자가 된 자기 두 아들, 야고보와 요한을 예수님의 좌우편에 앉히려고 예수님께 인사 청탁을 했던 사람이 바로 살로메였다. 이른바 최측근 권력형 비리의 원조였다. 그 바람에 야고보와 요한은 나머지 열 제자들에게 왕따를 당했고, 항상 질투의 대상이 되었다. 그러지 않아도 예수님과 친인척이라는 이유로 제자들 사이에서 항상 수군수군 말들이 많았는데, 야고보는 어머니의 말 한마디 때문에 다른 제자들의 눈총을 받으면서 편치 않은 생활을 하게 되었다고 푸념을 늘어놓았다.

야고보 사도와 이런저런 이야기들을 나누다 보니, 그의 마지막 모습이 궁금해졌다. 그는 주변 사람들의 곱지 않은 시선에도 불구하고 실제로는 예수님께 별로 덕을 본 게 없었다고 말했다. 베드로 사도나 바울과 실라가 옥에 갇혔을 때는 옥문이 척척 열리면서 감옥에서 풀려나게 해 주셨으면서도 막상 자기가 옥에 갇혔을 때는 결국 참수형으로 목 베임을 당해서 순교했다는 것이다. 그렇다고 누구를 원망하거나 미워하는 것은 아니라고 했다. 다만 자기가 예수님의 친인척이라고 해서 특별히 우대받은 것이 없었다는 것을 알아달라고 했다. 오히려 자신은 보아너게라는 별명 때문에 늘 부끄러웠고, 자신의 별명을 떼어버리기 위해서라도 복음을 위해서 더 열심히 살았다는 것이다.

그리고 마지막 순교자의 반열에 서면서 예수님의 이종사촌이라는 것도, 우레의 아들이라는 뜻을 가진 보아너게라는 딱지도 모두 다 떼어버리고 홀가분하게 주님 품에 안겼노라고 말했다. 필자가 만난 야고보, 그는 정말 평범한 그리스도인으로 살고 싶었던 사람이었다.

사랑의 사도, 요한

　야고보의 동생 요한은 예수님의 열두 제자 중에서 가장 나이가 적은 사람으로 알려져 있다. 그래서 그랬는지 예수님의 제자 중에 제일 막내 격이었던 요한은 예수님께 가장 사랑받는 제자였다. 요한은 요한복음을 기록하면서 자기 자신을 애써 숨기고 싶었던 모양이다. 요한복음에는 익명의 인물로 '그의 사랑하시는 제자'라는 인물이 등장한다. 요한은 자기 자신을 에둘러서 그렇게 표현한 것이다. 예수님의 사랑을 한 몸에 받았던 요한은 그 받은 사랑만큼 사랑 덩어리가 되어서 지금까지도 우리에게 사랑의 사도로 불리고 있다.

　가끔 가정폭력이나 학교폭력, 또는 군대 안에서의 폭력이 터질 때마다 폭력이 대물림 되고 있다는 말을 많이 듣게 된다. 폭력에 길들고 폭력의 피해자로 살아온 사람들은 자기도 모르게 폭력을 행사하는 가해자가 되더라는 말이다. 반대로 사랑도 마찬가지다. 사랑을 받은 사람만 사랑을 실천할 수 있는 법이다.

　야고보와 함께 '우레의 아들'이라는 불명예스러운 별명을 가지고 있었던 요한이었지만, 필자가 요한을 만났을 때 그는 이미 예수님의 한없는 사랑의 힘에 녹아서 사랑 덩어리로 변해 있었다.

우리 몸속에 병균이 들어왔을 때, 백혈구가 병균을 퇴치하는 방법은 매우 독특하다고 한다. 일반적인 생각으로는 백혈구가 몸을 지키기 위해서 병균과 싸울 것으로 생각한다. 그런데 백혈구는 병균과 싸우는 것이 아니라, 병균을 한없는 사랑으로 감싸안아서 병균을 녹여낸다는 말을 들은 적이 있다. 예수님의 사랑 앞에서는 우레가 아니라, 더한 것이라도 흐물흐물 녹아내릴 수밖에 없었을 거라는 생각이 들었다.

그런데 필자가 요한 사도를 만나서 그의 이야기를 좀 더 들어보고 싶었지만, 그는 뭔가를 중얼거리면서 묻는 말엔 통 대답을 하지 않았다. 그러다가 한참 만에야 자기 속내를 드러내기 시작했다. 생각보다 요한은 상당히 내성적이고, 심한 열등감을 가지고 있는 것 같았다. 실제로 요한 사도는 베드로나 바울처럼 죽은 사람을 살려내거나 병든 사람을 고쳐내는 능력을 행한 적도 없었다고 했다. 아닌 게 아니라, 필자의 생각에도 요한 사도는 그 흔한 방언 은사도 받지 못했을 것 같다는 생각이 얼핏 들었다. 그 정도로 그는 수줍음도 많고 조용한 사람이었다.

그런데 알고 보니 속사정이 있었다. 대부분의 사도는 다들 순교를 당했지만, 요한은 100세나 되도록 장수했기 때문에 항상 죄스러운 마음으로 하루하루를 살아가고 있었다는 거다. 그래서 요한은 늘 의기소침해 있었다. 필자는 요한 사도에게 이렇게 말씀드렸다.

"사람들 앞에 내세울 것이 없으셨기에 늘 주님께만 의탁하고 주님 품에 안겨 계셔서 그 바람에 예수님의 사랑을 듬뿍 받게 되신 것이 아니었나요? 그것이 거름이 되어서 예수님을 닮은 사랑의 사도가 되신 것을 감사하세요! 축복하고 사랑합니다!"

요한 사도께서는 아무런 대꾸도 없이 계속 입속에서 뭔가를 중얼거리고 계셨다. 알고 보니, '하나님이 세상을 이처럼 사랑하사 독생자를 주셨으니….'라는 성경 구절을 계속 읊조리고 있는 것이 아닌가?

요한 사도는 필자와 이야기를 나누는 동안에도 계속해서 '사랑 타령'만 하고 계셨다. 요한 사도는 그저 사랑하라는 말밖에는 할 말이 없다고 했다. 아마 예수님께서 십자가에 달려 돌아가시면서 당신의 어머니를 요한에게 부탁하신 이유도 요한만큼 사랑이 넘치는 제자가 없었기 때문이 아니었을까 싶다. 솔직히 내 부모라도 모시기 힘든 게 사실인데, 남의 어머니를 내 어머니 이상으로 모신다는 것은 쉬운 일이 아니다.

흔히 사회복지 시설을 운영하시는 분들을 보면 대부분 사명으로도 하겠지만, 기본적으로 사랑이 많으신 분들이기 때문이 아닐까 싶다. '네 이웃을 네 몸같이 사랑하라!'고 하신 예수님의 말씀은 권면이 아닌 명령이다. 심지어 '원수를 사랑하고, 미워하는 자를 선대(

善待)하고, 저주하는 자를 축복하며, 모독하는 자를 위해서 기도하라!'는 예수님의 말씀은 예수님의 사랑이 어떤 사랑인지를 잘 알게 해 준다.

필자는 바람에 흩날리는 사도 요한의 흰 머리카락 사이로 가늘게 떨리는 주름 잡힌 그의 눈을 쳐다보았다. 눈빛에 총기는 없었지만, 항상 촉촉하게 젖어있는 그의 눈에는 세상의 그 어떤 것도 다 용서해 줄 것만 같은 평온함이 가득했다. 마치 비둘기 눈처럼 아득한 곳을 바라보고 있는 그에게서 연민의 정이 느껴졌다. 바로 저 눈빛, 내가 닮고 싶은 눈빛이었다. 살기(殺氣)가 가득한 세상에서 아웅다웅 다투면서 자기 잇속을 차리기에 바쁜 현대인들, 남의 자리까지 탐내면서 서로를 비난하며 짓밟고 올라서야 살 수 있는 오늘날의 우리들을 향해서 요한은 계속 중얼거렸다. "사랑하는 자들아, 우리가 서로 사랑하자! 사랑은 하나님께 속한 것이니, 사랑하는 자마다 하나님으로부터 나서 하나님을 알고, 사랑하지 아니하는 자는 하나님을 알지 못하나니, 이는 하나님은 사랑이심이라!"

필자는 사도 요한과의 인터뷰를 진행하는 동안 설교에 대해서 다시 생각해 보았다. 설교만 잘하려고 할 것이 아니라, 삶 속에서 예수님의 사랑을 보여주는 것이 진짜 명설교라는 것을 요한 사도를 통해서 비로소 깨달았다.

짠돌이라고 놀림 받은 빌립

　마태복음 10장에 기록된 예수님의 제자 명단 중에 다섯 번째로 언급된 사람이 빌립이다. 빌립은 예수님의 제자 중에서 똑똑하기로 쳤을 때, 둘째가라면 서러워할 만한 그런 인물이었다. 필자가 그를 처음 만났을 때, 그에게서 풍기는 이미지는 무척이나 깔끔하고 야무지다는 인상을 받았다. 그는 남에게 신세를 지는 것을 별로 좋아하지 않았다. 자기 일은 자기가 알아서 척척 해내는, 그야말로 똑소리 나는 인물이었다.

　빌립은 자기 이름이 헬라식 이름이라고 했다. 유대인들은 로마의 지배를 받는 동안 알게 모르게 헬라 문화에 많이 물들어 있었기 때문에 많은 사람들이 헬라식 이름을 쓰고 있었고, 헬라식 이름을 쓰는 사람들은 어딘지 모르게 세련되어 보이는 것으로 생각하는 분위기였다고 했다. 그는 자기 이름의 뜻이 '말(馬)을 사랑하는 자'라고 했다. 필자는 하마터면 피식 웃음을 터뜨릴 뻔했다. 빌립과 인터뷰를 나누는 그 중요한 시간에 왜 하필이면 경건치 못하게 '애마 부인'이 생각난 걸까? 아무튼 필자는 억지로 웃음을 참아가면서 빌립의 말에 귀를 기울였다.

요즘 우리나라에서도 돈 좀 있고 여유가 있는 사람들은 승마를 많이 즐기는 것으로 알고 있는데, 그 당시에도 남자다움을 과시하기 위해서는 말을 가까이 하면서 말을 잘 다룰 줄 아는 사람이 남자답다고 여겼던 것 같았다. 그러다 보니, 빌립의 부모님들께서는 '말을 사랑하는 자'라는 뜻을 가진 '빌립'이라는 이름을 지어 주셨던 모양이다.

하긴 분봉 왕 헤롯 빌립이나, 사도행전에 나오는 일곱 집사 중의 한 사람도 빌립이라는 이름을 쓰고 있었으니, 예수님의 제자 빌립은 자기 이름에 대해서 그렇게 어색하게 느끼지는 않는 것 같았다. 오히려 그는 '조한우'라는 필자의 이름을 두고 시비를 걸면서 놀려 대는 바람에 필자는 대충 얼버무리고 얼른 다른 대화 주제로 바꾸었다.

빌립은 처음부터 예수님의 제자는 아니었다고 했다. 그가 요단강 근처에서 회개를 외쳤던 세례자 요한에게 매료되어서 한동안 요한의 제자로 따라다니다가, 어느 날 자기 스승 요한이 예수님께 대하는 태도를 보고 평생에 처음으로 참 진리가 무엇인지 깨닫게 되었다고 했다. 마침 예수님께서 '나를 따르라!'라고 말씀하셨을 때, 자기도 모르게 다리가 후들거리는 것을 느끼면서 예수님을 따라나서게 되었다고 그 당시를 회고했다.

그날 빌립은 예수님의 제자가 되자마자 자기 친구 나다나엘에게 찾아가서 나다나엘을 전도했다.

"모세가 율법에 기록하였고, 여러 선지자가 기록했던 그 분을 우리가 만났다. 그분은 바로 요셉의 아들 나사렛 예수라는 분이시다!"

어디서 그런 용기와 배짱이 생겼는지 빌립은 확신에 찬 말로 나다나엘을 전도했고, 그 바람에 나다나엘도 예수님의 제자가 되었다. 어떻게 보면 빌립은 상당히 계산적인 사람이었던 것 같다. 어차피 예수님을 따르려면 혼자보다는 둘이 나을 것 같았고, 이왕이면 가는 길에 친구랑 같이 가는 것이 낫지 않겠느냐는 생각을 하지 않았을까 싶다. 택시를 타면 혼자 타나 둘이 타나 어차피 택시비는 마찬가지인 것처럼 말이다. 빌립은 항상 모든 면에서 손실을 명확하게 따지며 살았던 사람으로 보였다. 그런 걸 보면, 역시 빌립은 문과 쪽이 아닌, 이과 성향을 보인 사람으로 보였다.

필자는 오병이어의 기적 현장에 있었던 빌립에게 당시 상황을 자세히 설명해 달라고 부탁했다. 그는 한참 동안 눈을 감고 생각에 잠겨 있더니, 쑥스러워하며 말문을 열었다. 그날은 예수님께서 디베랴 갈릴리 바다 건너편에서 많은 병자들을 고쳐주시면서 천국 복음을 전하고 계실 때였다고 했다. 마침 그때는 유대인의 명절인 유월절이 가까워져 오고 있었는데, 하필이면 예수님께서는 자기에게 무리에게 먹일 떡을 구해 오라고 말씀하셨다고 했다. 아마 빌립의 고향이

벳새다, 바로 그 동네였기 때문에 예수님께서 빌립을 지목하셨던 모양이다. 그러나 사실은 예수님께서 빌립의 반응 과정을 보고 싶으셨다는 것을 뒤늦게야 알게 되었다고 말했다.

그런데 빌립은 눈치도 없이 잽싸게 계산기를 두드리고는 예수님께 이렇게 말씀을 드렸다고 했다.
"여기에 있는 사람들에게 떡을 조금씩만 먹게 하더라도 최소한 이백 데나리온 정도는 있어야 하겠습니다."
빌립은 지금도 그때 자기가 예수님께 왜 그렇게 말씀을 드렸는지 부끄러워 죽겠다고 했다. 자기 믿음이 너무나 없었던 것 같다면서 차라리 오백 데나리온은 있어야 배불리 먹일 수 있을 것 같다고 할 걸 너무 소심했다고 하면서 어처구니없는 말을 했다. 그런데 더 부끄러운 사실은 그 허허벌판에 수백 데나리온의 돈이 있을 리 만무했지만, 예수님께서는 돈 한 푼 안 들이고도 물고기 두 마리와 보리떡 다섯 개로 수만 명의 군중들에게 배불리 먹게 하시고도 남은 것이 열두 광주리나 남았다는 사실이라고 했다.

그 후로 빌립은 '짠돌이'라는 별명으로 친구들에게 놀림을 받게 되었다고 했다. 빌립은 자리에서 일어서면서 필자에게 넌지시 한마디 말을 남기고 떠났다.
"하나님께서는 우리에게 주시되, 누르고 흔들어서 차고 넘치도록 주시는 분이라네!"

필자는 터덜터덜 걸어가는 빌립의 축 처진 뒷모습을 한동안 멍하니 바라보고만 있었다.

평범했지만, 전혀 평범하지 않았던 바돌로매

  예수님을 따랐던 많은 사람들 가운데, 예수님의 제자 명단에 오른 열두 명은 정말 특별한 사람들이 아닐 수 없다. 그런데 그중에는 두각을 나타내는 사람들도 있었지만, 거의 자신의 행적을 남기지 못한 사람들도 있다. 그중에 한 사람이 바로 바돌로매라는 사람이다.
  바돌로매는 공관복음(마태복음, 마가복음, 누가복음)과 사도행전에 기록된 예수님의 제자 명단에 이름만 올려 있을 뿐, 아무리 눈을 씻고 찾아봐도 성경 어디에도 그에 대한 기록은 찾아볼 수가 없다. 그래서 필자는 직접 바돌로매를 찾아 나서기로 했다. 그런데 아무리 수소문을 해 봐도 바돌로매라는 분을 찾을 수가 없었다.

  성경 인물들의 이야기를 책으로 내 보려고 마음먹고 있던 필자는 마음이 조급해질 수밖에 없었다. 아니나 다를까, 결국 바돌로매를 제때 만나지 못해서 출판에 차질을 빚고 말았다. 그렇게 시간만 보내고 있다가 다행히도 간신히 바돌로매와 인상착의가 비슷한 사람을 만날 수 있었다. 필자가 그를 만났을 때, 그는 무화과나무 그늘에 앉아서 열심히 뭔가를 묵상하며 기도하고 있었다.

　필자가 헛기침을 두어 번 하고 나서야 바돌로매는 고개를 돌려서 필자를 바라보았다. 그는 내가 쓰는 글들을 잘 읽고 있다면서 바쁜데 찾아와 주어서 고맙다며 너스레를 떨었다. 어차피 자신의 소재가 파악되었기 때문에 이젠 더 이상 숨어지낼 수 없게 되었다면서, 나에게 자리를 마련해 주었다. 필자는 바돌로매가 앉아있는 평상에 마주 앉아서 바돌로매의 행적을 찾느라 고생했던 얘기들을 늘어놓았다. 그러면서 이번에 쓰게 된 책에 바돌로매 사도님을 꼭 소개하고 싶다고 말했다. 그는 극구 사양했지만, 독자들이 바돌로매 사도님에 대해서 너무 궁금하게 생각한다는 말에 결국 인터뷰에 응해 주셨다.

　그의 말에 의하면, 원래 자기 이름은 나다나엘이라고 했다. 나다나엘이라면, 갈릴리 가나에 살던 사람으로 예수님의 제자 빌립의 친구가 아니던가? 나다나엘이라는 이름은 '하나님의 선물'이라는 뜻이다. 그런데 그가 예수님의 제자가 된 후로는 나다나엘이라는 이름 대신에 바돌로매라는 이름으로 개명했다는 것이다. 아람어로 '바'는 '아들'이라는 뜻이다. 결국 바돌로매는 '톨로메오의 아들'이라는 뜻으로 이해하면 된다. '바요나 시몬'도 마찬가지로 '요나의 아들 시몬'인 것처럼 말이다.

　워낙 내성적이고 조용한 성격으로 시간이 날 때마다 율법(토라)을 읽고 묵상하면서 선지자들이 예언한 메시아를 기다려왔던 사람 나다나엘, 그가 바로 바돌로매 본인이라는 말에 필자의 짐작이 맞았

구나 싶었다. 그는 로마의 지배를 받고 있었던 당시 식민지 백성으로서 이스라엘의 구원과 회복을 간절히 기다리던 사람이었다. 그래서 밥만 먹으면 동네 어귀에 있는 무화과나무 아래에서 성경을 읽고 묵상하면서 하루 해를 보내는 것이 그의 일상이자, 그의 일과였다.

필자는 바돌로매 사도에게 차마 하지 말았어야 할 질문을 던지고 말았다. '예수님의 제자라면 다른 사도들처럼 기적도 베풀고, 예수님과 동행하면서 궁금한 것이 있으면 묻기도 하고, 예수님의 눈에 띄도록 행동도 하고 그랬어야 하는 거 아니냐?'면서 '왜 그러지 않고 조용히 지내셨느냐?'고 따지듯 물었다. 그러자 그는 벌떡 자리를 털고 일어나는 것이 아닌가? 아차 싶었다.

그러나 필자는 여러 사람을 대하다 보니, 각 사람의 반응이나 행동만 봐도 그 사람의 내면을 읽을 수 있는 나름대로 눈이 생겼다. 바돌로매, 이분은 무척 자존심이 강한 분 같았다. 세례자 요한의 제자였다가 예수님께 부르심을 받고 예수님의 제자가 된 빌립이 바돌로매(나다나엘)를 찾아가서 예수님을 소개했던 그날도 바돌로매는 무화과나무 그늘에 앉아서 말씀을 묵상하며 선지자들이 예언한 메시아가 오시기만을 간절히 기다리고 있었다고 했다.

둘도 없는 단짝 친구였던 빌립이 바돌로매에게 '우리가 기다려왔던 메시아를 만났다!'라고 외칠 때까지만 해도 바돌로매는 콧방귀도 뀌지 않았단다. 왕으로 오시는 메시아라면 미가 선지자의 예언대로 베들레헴 에브라다에서 태어나실 거라는 사실을 알았기 때문이었다. 그런데 빌립이 말하는 메시아는 '요셉의 아들, 나사렛 사람 예수'라고 하니, 바돌로매로서는 예수를 메시아로 인정할 수 없었다는 거였다. 바돌로매가 시큰둥하게 빌립의 말을 받아쳤다.

"나사렛 촌구석에서 무슨 신통한 것이 나온다고 그러는 거냐? 개 풀 뜯어먹는 소리 그만 해라!"

그러나 빌립은 답답하다는 듯이 무조건 '와서 보라!'며 소리를 쳤다.

마지못해 빌립을 따라나섰던 바돌로매는 깜짝 놀랐다.

"보라! 이 사람은 참으로 정직한 이스라엘 사람이다. 이 사람에게는 간사한 것이 없도다!"

생전 처음 만난 예수님께서 바돌로매를 보시자마자 하신 말씀이었다. 바돌로매는 마치 전기에 감전된 것처럼 그 자리에서 꼼짝도 할 수 없었다고 했다.

'세상에… 어떻게 나를 아셨을까?'

"빌립이 너를 부르기 전에 네가 무화과나무 아래 앉아있는 것을 내가 보았다. 그때 난 이미 너를 알고 있었단다."

자기의 생각까지 다 읽으시고, 묻지도 않았는데 대답을 해 주시는 예수님께 나다나엘은 무릎을 꿇고 이렇게 고백했다.

"당신은 하나님의 아들이시며, 당신은 이스라엘의 임금이로소이다!"

그러자 예수님께서는 "네가 무화과나무 아래에 있는 것을 보았다고 해서 나를 믿느냐? 앞으로는 그보다 더 큰 일을 보게 될 것이다."라고 말씀하셨다.

과연 그는 갈릴리호숫가에서 부활하신 예수님을 직접 보았고, 예수님께서 승천하신 후에 마가의 다락방에서 성령을 받은 후에는 이름도 없이 빛도 없이 사도의 임무를 다하다가 조용히 순교했다. 성경에는 그의 행적이 단 한 줄도 남아있지 않았지만, 저 천국에서는 영원히 빛나는 이름으로 기록되었을 바돌로매, 그가 순교를 당할 때 무슨 일이 있었는지 궁금했다. 하지만 그는 벙거지를 푹 눌러쓰고서는 입을 꾹 다물고 있었다. 자기 이름을 버리고 그냥 아무개의 아들이라고만 불리기를 바랐던 사람, 그의 앞에서 필자는 아무 말도 할 수 없었다.

확실한 믿음의 소유자, 도마

금관가야를 세웠으며, 김해 김씨의 시조로 알려진 김수로왕이 알에서 태어났다는 신화가 있다. 그러나 역사학자들의 주장은 전혀 다르다. 역사학자들의 주장에 따르면, 김수로왕은 본래 북방 유목민족 중에 러시아 남부 흑해 지역에 살고 있던 스구디아인(스키타이 민족)의 왕자였다고 한다. 이들은 유대인 혈통이었는데, 디아스포라(흩어져 사는 유대인)로 우크라이나 지역에 살고 있었던 것으로 보인다.

주전 650년부터 620년 사이에 북부 메소포타미아와 수리아(시리아)에 출현했던 그들 중에 일부 다른 세력들은 다뉴브강 중부까지 뻗어나가면서 남부 러시아를 장악해 나갔다. 이들 유목민은 매우 우수한 군인들이었다. 또한 스구디아인들은 사막 전투와 기동전략 등이 매우 뛰어났던 것으로 알려져 있다. 그들은 이미 철기문화를 통해서 활을 사용하는 기마민족이었다. 당시에 스키타이 민족의 왕자였던 김수로왕은 아시아지역 북쪽을 따라 중국을 거쳐서 한반도까지 이동해서 지금의 경상북도 청도 지역에 이스라엘이라는 뜻을 가진 이서국(伊西國)을 건설했다는 주장이다.

2009년 경북 청도에서 청도 댐을 건설하던 중에 발견된 3천여 점의 유물과 고분들은 당시의 고구려나 백제 신라 등의 유물과는 전혀 다른 형태를 띠고 있어서 이들의 주장을 강력하게 뒷받침해 주고 있다. 이들은 다시 남쪽으로 이동해서 결국 김해 구지봉 지역에 금관가야를 세웠다고 한다. 이들의 주장에 따르면, 김수로왕은 실크로드를 따라서 한반도로 들어오면서 중국의 소김천씨라는 마을을 지나서 왔기 때문에 자신의 성을 김씨로 짓고 김해 김씨의 시조가 된 것이라고 한다.

독자들은 난데없이 웬 김수로왕의 이야기를 꺼내는 거냐고 반문할지도 모른다. 그러나 김수로왕이 세운 금관가야와 예수님의 열두 제자 중의 한 사람이었던 도마와의 연관성이 제기되면서 여러 가지 재미있는 추측을 해 보게 되었다. 도마는 예수님의 부활과 승천 이후에 동쪽 지역을 선교하기 위해서 당시 로마의 점령지 중 가장 동쪽 지역인 인도로 이동했다. 당시에 도마는 디아스포라 유대인들에게 복음을 전하고 있었으며, 인도와 교역 관계에 있었던 금관가야를 알게 되었고, 그들도 역시 디아스포라 유대인들이라는 사실 때문에 도마가 금관가야를 찾아왔다는 것이다.

가야국에 온 도마는 동족 유대인들이었던 스구디아인들에게 열심히 복음을 전했다. 그들은 당시의 가야국의 정치 지도자들이었다. 그 결과, 많은 교회를 세우면서 경북 영주까지 교세를 확장해 나갔다고 한다. 도마는 인도로 돌아간 뒤에 김수로왕의 왕비도 중매해 준 것으로 알려졌다. 지금도 경북 영주시 평은면 왕유동에 가 보면, 목이 없는 반처상이 조각된 바위를 볼 수 있다. 그 조각상에는 히브리어로 '도마'라는 이름이 선명하게 남아있다. 이런 정황으로 볼 때, 도마가 우리나라 경남지역뿐 아니라, 한반도에 복음을 전해준 최초의 선교사라는 사실을 부인하기는 어려워 보인다.

그런 혁혁한 공을 세웠음에도 불구하고 도마는 '의심 많은 제자'라는 오명을 벗어버리지 못하고 있다. 사실 도마는 성격도 급하고, 의협심이 강한 사람이었다. 예수님께서 유대인들에게 쫓겨 다니면서 복음을 전하실 때 돌에 맞아 죽을 뻔했던 적이 여러 번 있었다. 그 와중에도 예수님께서는 그의 사랑하는 친구 나사로가 죽었다는 연락을 받으시고 나사로를 살려 주시기 위해서 예루살렘 근처에 있는 베다니로 가시겠다고 하자, 제자들은 앞을 다투어서 예수님을 말렸다.

그런데 도마는 다른 제자들과는 전혀 다른 입장이었다. 예수님께서 베다니로 가셔서 돌에 맞아 죽게 되실 거라면, "우리도 예수님과 함께 죽으러 가자!"라고 말했다. 다분히 충동적인 발언으로 보이기는 하지만, 도마는 예수님을 혼자 돌아가시게 내버려둘 수 없다는 생각 때문이었다고 했다.

그런데 필자가 도마를 만나서 인사를 하고 몇 마디 인터뷰를 진행하다 보니까, 뭔가 이상하다는 생각이 들었다. 필자는 염치 불고하고 그에게 주민등록증을 보여 달라고 했다. 아니나 다를까, 그는 내가 찾고 있던 도마가 아니었다. 얼굴은 똑같이 생겼는데, 이게 웬일인가 싶어서 물어봤다. 그랬더니 자기는 도마의 쌍둥이 동생이라는 거였다.

그때 서야 도마의 별명이 쌍둥이라는 뜻을 가진 '디두모'였다는 것이 생각났다. 필자는 그분의 도움으로 도마를 찾아갔다. 도마는 내가 한국에서 왔다는 말을 듣고는 몹시 불쾌해했다. 한국 사람들에게 자기 이미지가 너무나 안 좋게 나 있는 것이 불만이라고 했다. 그러면서 대한민국 크리스천들의 잘못된 신앙에 대해서 성토하기 시작했다. 대한민국 사람들은 무조건 믿기만 하면 된다고 생각하는 모양인데, 잼인지 된장인지도 모르고 무조건 믿는 것은 바른 믿음이 아니라고 일침을 놓았다.

그는 자기 이름 앞에 '의심 많은 제자'라는 수식어가 붙는 것에 대해서도 그냥 지나가지 않았다. 예수님께서 돌아가실 것을 예고하셨을 때, 자기는 솔직하게 예수님께서 어디로 가시는지 모른다고 말했을 뿐이라고 했다. 사실 그때까지만 해도, 그 누구도 예수님의 앞날에 대해서 아는 사람이 없었다는 것이 그의 주장이다. 그리고 또 한 가지, 예수님께서 부활하신 후에 마가의 다락방에 나타나셨을 때도 남들은 부활하신 주님을 만났다고 좋아서 난리들이었지만, 자기는 못 믿어서가 아니라 직접 부활하신 예수님을 눈으로 확인하고 싶다는 뜻으로 그렇게 말한 것인데, 그게 와전되는 바람에 자기는 '의심 많은 제자'가 된 것이라고 해명했다.

그 일이 있고 난 뒤, 여드레 후에 다른 제자들과 함께 있었을 때 부활하신 주님을 만난 도마가 "나의 주님이시오, 나의 하나님이시니이다!"라고 고백한 것을 보면, 도마의 말은 거짓이 아닌 것 같았다.

덮어놓고 믿는다는 것, 그것만큼 위험한 일도 없다. 필자는 덮어놓고 믿지 말고, 성경을 펼쳐 놓고 믿어야 함을, 도마를 통해서 새삼 깨닫게 되었다.

일등을 원했던 마태

누구든지 일등이 되고 싶지 않은 사람은 없다. 마태도 그런 사람이었다. 예수님의 제자 명단 순번으로 따져보면, 여덟 번째 인물로 기록된 마태는 언제나 첫째가 되고 싶은 사람이었다. 예수님께서는 누누이 '첫째가 되고자 하거든 뭇사람의 끝이 되어야 하며, 뭇사람을 섬기는 자가 되어야 한다.'라고 말씀하셨다. 그러나 제자들의 관심은 오로지 첫째가 되는 것에만 관심이 있었고, 자기 중에 누가 크냐를 두고 미묘한 신경전과 암투를 벌여왔다.

마태복음을 기록한 마태 역시 "너희 중에 누구든지 크고자 하는 자는 너희를 섬기는 자가 되고, 너희 중에 누구든지 으뜸이 되고자 하는 자는 너희의 종이 되어야 하리라!"고 하신 예수님의 말씀을 그대로 인용하고 있다. 그러면서도 마태는 욕심이 많은 사람이어서 그랬는지, 자기보다 예수님의 말씀을 먼저 기록한 마가의 기록을 들여다보면서 베껴 쓴 흔적이 많이 보인다. 그러더니 결국 훗날에 성경학자들이 마태복음을 마가복음 보다 앞에 두게 되면서, 그렇게도 꿈꿔왔던 1등 자리를 차지하게 되었다.

필자는 그런 마태의 성격을 잘 알고 있었기 때문에, 그의 자존심을 건드리지 않으려고 애를 썼다. 그래서 일부러 마태가 예수님의 제자가 되기 전, 세무서에 근무하고 있던 마태를 찾아갔다. 그런데 세무서에 앉아있는 마태의 책상에는 마태라는 이름 대신에 '레위'라는 이름의 명패가 붙어 있었다. 알고 보니 레위가 바로 그 마태였다.

마침 마태는 점심시간이 한참 지났는데도 자기 책상에서 떠나지 않고, 열심히 세금을 계산하고 있었다. 마태는 자기가 맡은 일에 성실하고 빈틈이 없는 사람이었다. 업무 중에는 절대로 인터뷰에 응할 수 없다며 고집을 부리는 걸 억지로 설득해서 몇 마디 이야기를 나누고 있었다.

그때 민원인으로 보이는 한 사람이 세무서 앞을 지나다가 마태를 불렀다. 그런데 그 사람은 세금을 내러 온 사람이 아니었다. 대뜸 마태에게 "나를 따르라!"라고 말씀하시고는, 그냥 휙 지나가는 것이 아닌가? 그런데 마태는 마치 자석에 끌려가듯이 일어나더니, 그분을 따라나섰다. 알고 보니 그분이 바로 예수님이셨다.

필자는 마태가 두고 간 장부책을 보다가 깜짝 놀랐다. 깨알같이 작은 글씨로 적힌 장부에는 가버나움 지역의 모든 주민의 인두세가 100% 완납되어 있었다. 그런데 지난달 업무 수행평가에서도 우수직원으로 선발되었던 마태가 자기 업무를 내던지고 예수님을 따라나서는 걸 보고 의외라는 생각이 들었다. 아마 예수님께서도 마태의 재능을 높게 평가하셨던 것 같았다.

실제로 마태는 예수님의 제자 중에서도 가장 우수한 사람으로 손꼽히는 사람이었다. 마태복음을 기록한 것만 봐도, 그의 문서 수집과 관리 및 편집 능력이 얼마나 뛰어났는지 잘 알 수 있는 대목이다. 마태는 예수님께서 자기를 인정해 주시고 불러주신 것에 대해서 매우 흡족해하며 기뻐했다. 그래서 그날 점심도 자기가 내겠다면서 자기 집에 잔치 자리를 마련하고, 손님들을 잔뜩 초대했다.

　그런데 마침 바리새인들과 서기관들이 소문을 듣고 마태의 집으로 와서는 예수님께 시비를 걸기 시작했다. 그 당시에 이스라엘은 로마의 식민지였기 때문에 자기 백성들에게 세금을 걷어서 로마에 바치는 일을 했던 세리(세무 공무원)들을 죄인이나 창기들과 똑같이 취급하는 분위기였기 때문이었다. 순간 마태의 얼굴이 일그러졌다. 아마 예수님만 아니었으면, 당장에 주먹을 날릴 것 같은 분위기였다. 그런데 마태는 예수님께서 바리새인들과 서기관들을 대하시는 태도를 보고 큰 감동을 한 것 같았다.
　"내가 온 것은 의인을 부르러 온 것이 아니라, 죄인을 부르러 왔다"라는 예수님의 말씀에 마태는 고개를 푹 숙이고 아무 말도 못 하고 있었다. 뭔가 강한 자기 내면세계가 무너져 내리고 있는 것을 느꼈던 모양이다.

　그 일이 있고 난 후로는 아예 성경에 마태의 행적에 대해서는 특별한 내용을 찾아볼 수 없었다. 열두 제자 가운데 가장 지식인이었고,

사회적 지위가 높았던 마태였지만, 스스로 자기 자신을 드러내지 않으면서 살았기 때문일 것이다.

예수님을 자기 집으로 초청해서 잔치를 베풀어 드렸을 때, 마태는 바리새인들과 서기관들에게 공개적으로 망신을 당하면서도 예수님 때문에 그들을 용서해 줄 수밖에 없었다고 고백했다. 자존심도 다 내려놓고 자기보다 훨씬 무식하고 천한 사람들과 함께 어울려 다니면서 예수님을 따랐던 마태에게서는 이제 더 이상 세무서에 앉아있던 거만한 레위의 모습은 찾아볼 수 없었다.

지금도 그는 '예수님의 제자 마태오'라는 달랑 이름 석 자만 적힌 명함만 들고 다닌다고 했다. 아마 마태가 예수님의 제자에 들지 않았다면, 예수님의 제자들은 오합지졸이 되고 말았을지도 모른다. 차분하면서도 일 처리가 확실했던 마태 덕분에 예수님께서는 3년여 동안의 공생애를 그나마 편하게 보내셨는지도 모를 일이다. 역시 마태는 1등 신앙인이었다.

기도의 사람, 야고보

예수님과 직접적인 관계를 맺고 있는 인물 중에 야고보라는 이름을 가진 사람이 세 명 정도 있다. 예수님의 제자로서 제일 먼저 순교한 야고보 사도는 요한의 형제로서 세베대의 아들인데, 예수님께서 가장 사랑한 세 명의 제자였던 베드로와 야고보와 요한, 이 셋 중에 한 명이 바로 첫 번째 야고보이다.

두 번째 야고보는 초대교회의 대표적인 지도자로 급부상했던 예수님의 친동생 야고보이며, 흔히 큰 야고보라고 불린다. 예수님의 젖동생 야고보는 야고보서를 기록한 사람이다.

그리고 지금 소개하는 마지막 세 번째 야고보는 작은 야고보라고 불리는 인물이다. 이 야고보는 예수님의 제자 중 한 사람으로, 알패오의 아들이라고 소개되어 있다.

필자는 야고보 사도와의 면담을 시도했지만, 야고보 사도는 끝내 모습을 드러내지 않았다. 야고보 사도의 집에는 아버지 알패오도 보이지 않았고, 어머니 마리아만 집을 지키고 있었다. 야고보의 어머니 마리아의 말에 의하면, 야고보는 어디 기도원에 들어가 있을 거라고 했다. 평소에도 그랬지만, 요즘 들어서 어머니인 마리아도 야고보를 보기가 힘들 정도로 야고보는 기도에 열심이라고 했다.

필자는 앞에 소개했던 마태 역시 알패오의 아들 레위라고 성경에 기록된 것에 대해서 야고보의 어머니에게 물어보았다. 야고보의 아버지 알패오가 레위 마태의 아버지 알패오와 같은 인물인지를 알고 싶었기 때문이었다. 그러나 아쉽게도 마리아는 나이가 너무 많아서 횡설수설하는 바람에 정확한 사실관계를 밝혀낼 수 없었다. 필자가 야고보의 아버지 알패오와 레위 마태의 아버지 알패오가 같은 인물인지 알고 싶었던 것은 나름대로 이유가 있었다.

만일 세리 마태의 아버지 알패오와 작은 야고보의 아버지 알패오가 전혀 다른 인물이라고 할 때에는 별문제가 없겠지만, 마태의 아버지 알패오와 야고보의 아버지 알패오가 같은 인물이라면 얘기는 달라진다. 알패오의 두 아들 마태와 야고보가 둘 다 예수님의 제자였다는 얘기인데, 이것 역시 가문의 영광이기도 하겠지만, 세리였던 마태와 민족주의자로서 열심당 당원이었던 야고보가 어떻게 한 형제로서 또는 같은 예수님의 제자로서 활동할 수 있었는지 의문을 가지지 않을 수 없었다.

이건 그냥 필자의 상상이지만, 마태와 야고보가 한 형제였다면, 마태는 민족들을 수탈하고 있는 로마제국의 세무 공무원으로서 유대인들에게 손가락질의 대상이 되었을 것은 불을 보듯 뻔한 노릇이었을 것이다. 반대로 야고보는 열심당 당원으로서 나라와 민족을 위한 애국 투쟁의 선봉에 서있던 사람이었으니, 형제간에 우애는 이미 물 건너간 것 아니겠느냐는 생각을 해 보았다.

야고보의 어머니 마리아의 이야기를 들어보니, 이런저런 이유로 야고보는 예수님의 제자 그룹에서도 적극적으로 나서지 않고 늘 조용히 숨어 지냈다고 했다. 그래서 남들 눈에는 별로 볼일이 없는 작은 야고보로 보였을 거라고도 했다.

전승에 의하면, 야고보 사도는 작은 체구였지만, 빼어난 미남이었다고 한다. 레오나르도 다 빈치(Leonardo da Vinci, 1452~1519)의 그림인 〈최후의 만찬〉에 묘사된 인물 중에서 가장 미남으로 그려진 인물이 야고보라는 설이 있는 걸 보면, 야고보의 외모에 대해서는 어느 정도 미루어 짐작이 가능할 것이다.

그런데도 야고보는 자기 형 마태와의 불편한 관계 때문에 그랬는지 기를 펴지 못하고 살았다고 말하는 사람들도 있다. 그만큼 자기 정체성에 대해서 깊은 고민을 하고 있었던 사람이 바로 야고보 사도였을 거라는 얘기다.

야고보의 어머니 마리아는 자기 아들 야고보가 예수님의 제자 중에서 가장 기도를 많이 하는 제자라고 말했다. 실제로 성경학자 요세푸스도 같은 주장을 하고 있다. 야고보 사도가 얼마나 기도를 많이 했는지, 그의 무릎이 마치 낙타의 무릎처럼 굳은살이 단단하게 박여 있었고, 실제로 무릎도 굽어 있었다고 하니, 얼마나 기도를 많이 했겠는가?

  야고보 사도는 자의 반 타의 반 작은 야고보라고 지칭되었지만, 그는 스스로 작은 자, 소외 된 자, 연약한 자, 나이 어린 자들을 대변하는 삶을 살면서 열심과 충성으로 주님을 섬긴 제자라는 그것만큼은 사실이었다.

  야고보의 집을 나와서 동네 앞을 지나는 길에 구멍가게 앞에서 이장님을 만났다. 이장님은 야고보에 대해서 입이 마르도록 칭찬했다. 이장님은 알패오의 아들 야고보는 시몬이 다대오와 함께 열심당에 속한 사람으로서 대단한 애국자라고 했다. 과연 필자가 본 야고보 사도는 국가와 민족을 사랑했던 사람이었으며, 조국과 민족이 예수님의 복음으로 독립을 이루게 하고, 이 땅에 하나님의 나라를 건설하겠다는 의지로 불타는 인물이었다. 그러면서도 스스로 '작은 자'를 자처하고 나섰던 야고보는, 오직 하나님 앞에서만 큰 자가 되기를 원했던 사람이었다.

  야고보를 직접 만나지 못해서 아쉬웠지만, 지금도 어디에선가 무릎을 꿇고 기도하고 있을 야고보 사도를 생각하니, 맛집이나 찾아다니고 있는 우리들의 모습이 한없이 부끄럽기만 했다.

열심당원 시몬

    올해로 광복 80주년을 보내면서 나라와 민족을 위해 목숨을 아끼지 않았던 믿음의 선친들을 다시 떠올려 보았다. 필자가 20년 목회했던 경남지역에서 손양원 목사님과 주기철 목사님 같은 위대한 분들이 배출되었다는 것은 단순히 경남의 자랑일 뿐 아니라, 대한민국 근대사는 물론 우리 한국기독교 역사에서 빼놓을 수 없는 자랑 중의 자랑이다. 경남성시화운동본부와 경남기독교연합회가 경남을 성지로 만드는 일에 하나가 되어서 이분들의 생가를 복원하고, 기념관을 건립한 것은 후세에 신앙의 유산을 물려주고자 하는 강한 의지의 표명이라고 할 수 있다.

    이와 같이 우리 성경에는 열사급(烈士級)의 인물들이 많이 있다. 소위 열심당원으로 일컫는 사람들이다. 그중에 한 사람, 예수님의 제자 중 열한 번째 제자인 시몬을 소개하고자 한다. 개역 개정판 성경에는 그를 가나나인 시몬, 또는 셀롯인 시몬으로 소개하고 있다. 가나나인은 아람어에서 온 말로 열심당원이라는 뜻이고, 셀롯인 역시 열심당원이라는 의미가 있다. 예수님의 제자 야고보와 다대오도 시몬과 함께 열심당원으로 알려져 있다. 이들 외에 가룟 유다나 베드로, 안드레, 그리고 보아너게라고 불렸던 야고보와 요한도 열심당원이었을 거라고 주장하는 이들도 있다. 그만큼 이스라엘의 시대적 상황이 자주독립을 갈망하는 분위기였기 때문이다.

그렇게 보면, 예수님의 열두 제자 중 대다수가 열심당원들이었던 것 같다. 그도 그럴 것이 그런 열심이 없으면, 어찌 예수님의 제자가 될 수 있었겠는가? 이들을 열심당원이라고 부르고는 있지만, 어찌 보면 열혈당원이라고 부르는 것이 더 맞는 표현이 아닐까 싶다.

역사학자 요세푸스의 기록에 의하면, 열심당은 갈릴리 유다가 창설한 것으로 보인다. 갈릴리 유다는 기원후 6년경에 시행한 로마제국의 호적 조사에 크게 반발하고 나섰다. 그 후 유다가 죽은 뒤에도 그들의 독립운동은 끊임없이 계속되었다. 그 당시 유대인들은 크게 4개 파로 구분된다. 바리새파와 사두개파, 에세네파, 그리고 열심당이 그것이다. 열심당은 오늘날의 극우파와 크게 다르지 않다. 마카베오를 정신적 지주로 삼고 있는 열심당원들은 자신들의 종교적 신념에 대해서만큼은 매우 절대적이어서 이교도들을 학살하는 일도 서슴지 않을 정도였다.

최근에 쟁점이 되는 IS 무장세력들을 떠올려 보면, 쉽게 이해가 될 것이다. 열심당원들은 하나님께서 약속하신 메시아가 오면 이스라엘은 독립될 것이고, 비로소 하나님의 나라가 건설될 것이라고 굳게 믿고 있었다.

그런 이유로 예수님께서 오병이어의 기적을 베푸셨을 때, 예수님을 억지로 붙들어서 왕으로 삼으려고 했던 사람들이 열심당원들이었다고 주장하는 이들도 있다. 어쩌면 시몬도 그런 목적으로 예수님의 제자가 되었을 것이라는 추측도 조심스럽게 해 볼 수 있을 것 같았다.

열심당원이었던 시몬은 바리새인들이나 사두개인들보다 훨씬 더 율법주의자였을 것이다. 또한 하나님께 대한 절대적인 신봉자였을 것으로도 보인다. 그러다 보니, 자연적으로 대인관계가 배타적이고 편협할 수밖에 없었던 것은 당연한 일이다. 극단주의 극우파로서 이웃은 사랑하되, 원수는 철저하게 미워했을 것이 뻔했다. '눈에는 눈으로, 이에는 이로' 보복하는 동상동해법(同傷同害法)을 충실하게 따랐을 열심당원 시몬! 그가 예수님의 제자로서 3년여를 지내는 동안 얼마나 많은 변화가 있었을까?

필자가 시몬을 만났을 때, 그는 또 다른 열심당원으로 변해 있었다. 그는 그토록 신봉했던 폭력주의를 버리고, 오직 하나님 나라와 예수 그리스도의 복음을 위한 투사가 되어 있었다. 기원후 70년경 시몬의 동료들이었던 열심당원들은 3년에 걸친 마사다 전투에서 로마군에 항거하다가 모두 장렬하게 전사했다. 그러나 시몬은 예수님의 제자가 된 후, 자기가 싸워야 할 싸움은 혈과 육에 대한 싸움이 아니라는 것을 깨닫고 난 후에, 예수님의 명령을 따라 예루살렘과 유다를 출발해서 이집트와 페르시아, 메소포타미아 지역을 순회하면서 전도자의 사명을 다했다.

전설에 의하면, 시몬은 페르시아의 수아닐 지역을 전도하다가 사흘째 되던 날 체포되어서 톱으로 허리가 잘려 순교했다고 한다. 자기의 뜻과 맞지 않으면, 누구라도 붙들고 싸워서 이겨야만 직성이 풀렸던 시몬이 자기를 잡아서 매질하고 돌을 들어서 치며 옥에 가두고, 심지어 산 채로 허리를 톱으로 썰어서 죽이는 사람들 앞에서 아무 저항 없이 주님을 위해 기꺼이 죽었다는 얘기다. '한 알의 밀이 땅에 떨어져 죽지 아니하면 한 알 그대로 있고, 죽으면 많은 열매를 맺는다'라는 예수님의 말씀에 온전히 순종했던 사람, 시몬!

우리 대한민국도 일본제국주의자들에게 끝까지 항거한 열사들의 공로도 대단했지만, 두 아들을 죽인 원수를 아들로 삼거나, 온갖 박해 속에서도 저항하지 않고 말없이 대못을 밟고 걸어가신 그분들의 사랑이 메가톤급 사랑으로 남아있다. 그분들이야말로, 진정한 하나님 나라의 열심당원들이 아니겠는가?

흔적도 없이 사라져 버린 다대오

'부름 받아 나선 이 몸 어디든지 가오리다'로 시작하는 찬송가 323장은 사명을 받아 주의 길로 나서는 목회자 후보생들이 많이 부르는 찬송이다. 이 찬송은 가사 한 구절 한 구절이 절대로 아무렇게나 부를 수 없는 찬송이다. 필자는 이름도 없이 빛도 없이 감사하는 마음으로 주님을 섬기겠다는 가사를 보면서, 예수님의 제자 다대오를 떠올렸다.

다대오라는 이름은 '사랑받는 아들'이라는 뜻이다. 성경에는 예수님의 제자 명단이 네 곳에 기록되어 있다. 그런데 다대오라는 이름은 마태복음과 마가복음에만 기록되어 있고, 누가복음과 사도행전에 언급된 예수님의 제자 명단에는 다대오라는 이름이 없다. 그 대신 야고보의 아들, 또는 형제인 유다가 삽입되어 있다. 그렇다면 다대오는 왜 누가복음과 사도행전에 기록된 예수님의 제자 명단에서 빠진 것일까? 혹시 누가복음과 사도행전을 기록한 누가와 다대오 사이에 무슨 개인적인 감정이라도 개입되어 있었던 것은 아닐까?

필자는 다대오를 만나기 위해서 많은 시간을 보냈다. 그러나 결국 다대오를 만나지 못했다. 게다가 성경에는 다대오에 대한 기록이 전혀 없었다. 그렇다면 다대오는 어떤 사람이었기에 예수님의 제자 열두 명 중에 한 사람이었으면서도 그에 대한 기록조차 남아있지 않은 것일까? 사람은 죽어서 이름을 남기고 호랑이는 죽어서 가죽을 남긴다는 말처럼, 사람이라면 누구든지 자기 이름 석 자와 자신의 행적을 세상에 알리기를 원하는 것이 인지상정이다. 그리고 위대한 인물일수록, 그분에 대한 기록이나 에피소드가 많은 법이다.

그래서 돈을 들여서라도 자서전을 써 달라고 하고, 자신의 행적을 부풀려서 자랑하려고 하는 것 아니겠는가? 그리고 대부분 사람들은 무명인들보다는 명성을 얻는 사람들을 동경한다. 그래서 소위 언더그라운드라고 말하는 무명 가수나 무명 시인들은 무슨 수를 써서라도 무명 딱지를 떼려고 애를 써 보지만, 그 또한 쉬운 일은 아니다. 그러나 다대오는 스스로 무명초처럼 산 사람이었다.

사람들은 다대오처럼 아무 행적 없이 산 사람들을 무위도식한 사람으로 폄훼하기도 한다. 그러나 예수님께서 제자로 삼으신 사람이 그렇게 어영부영했을 리는 없다고 본다면, 다대오는 정말 이름도 없이 빛도 없이 감사함으로 주님을 섬겼던 사람이라는 추론이 가능하다. 그런 다대오라면, 우리 신앙인들이 본받아야 할 최고의 모델이 아니겠는가? 다른 제자들은 그들의 행적과 함께 부르심을 받는 장면이 소개되거나 최소한 누구의 아들 정도는 소개되어 있다. 그런데 다대오는 성경에 기록된 예수님의 제자 명단 네 곳 가운데, 그나마 두 곳에서는 그 명단에서조차 빠질 정도로 존재감이 없는 사람이었다.

필자는 23년 전에 고향인 경기도 김포를 떠나서 경남 산청에 내려와서 20년을 목회했다. 그리고 안동에서 1년 목회하고, 지금은 구미에서 개척교회를 시작한 지 2년째가 되었다. 그러는 동안 필자는 나의 존재감 하나만큼은 절대로 잃지 않으려고 애를 써 왔다. 그래서 열심히 시를 썼고, 20년 전에 시인으로 등단했다. 라디오 설교와 TV 칼럼도 매주 내보냈었다. 그것도 모자라서 매주 주일예배 설교를 유튜브에 열심히 올렸다. '조한우'라는 이름 석 자를 알리려고 무던히도 애를 썼다.

물론 간접적으로 복음을 전해보겠다는 이유도 있었겠지만, 지금 와서 생각해 보면, 이것 역시 나의 존재감을 잃지 않으려는 몸부림에 불과했었다는 것을 고백하지 않을 수 없다. 남들은 대전 이남으로 내려오면 죽는 줄 알고 아예 지방 목회는 안 하겠다는 판에 과감히 경상도로 내려왔으니 얼마나 대단하냐며 나를 추켜세우는 사람들도 있었지만, 그건 엉겁결에 이뤄진 일이었다. 그 후로 필자는 이것저것 일을 만들어서 내 존재감을 드러내려는 노력만 하면서 그 긴 세월을 다 보냈다.

그런데 다대오는 예수님의 제자 명단에서도 그 이름이 빠질 정도로 자신의 흔적을 철저하게 지우고 살았던 사람이라는 걸 알고는 부끄러운 생각이 들었다. '이름도 없이 빛도 없이'라는 말은 정말 다대오 같은 사람을 두고 나온 말일 게다. 이러니저러니 해도, 지금 우리는 여러 가지 호사를 누리며 살고 있지 않은가? 돈이 없다는 핑계로 등단 20년이 지나도록 달랑 시집 한 권 낸 것이 고작이었는데, 이제야 그동안 썼던 글들을 모으기 시작했다. 책으로 만들면 적어도 예닐곱 권 이상 되는 원고가 있긴 하지만, 책을 내기로 결심한 그것마저도 결국은 또 내 존재감을 드러내기 위한 것이 아니겠는가?

막상 글을 모아 정리를 하다 보니, 내게는 작은 보람이 되기도 했지만, 무엇보다 독자들께는 작은 선물이 될 것 같아 가슴이 설레는 것은 사실이다. 그러면서도 필자는 어떻게 살아야 '이름도 없이, 빛도 없이'의 삶을 실천할 수 있을까를 놓고 늘 고민이다. 그동안 많은 사랑을 받아왔고, 또 많은 격려와 위로를 받으면서 언젠가는 사라질 작은 빛을 세상에 남기고 싶었다. 아픔도 슬픔도 미움도 원망도 다 사라지게 될 그날을 미리 준비할 필요가 있겠다고 생각했기 때문이다.

다음에 다대오를 만나면, 꼭 물어보고 싶은 것이 있다. 당신도 나처럼 그런 마음이었는지, 그리고 당신이 남긴 이름 석 자의 의미는 어떤 것이었는지 못다 한 다대오의 이야기를 꼭 들어보고 싶다. 할 수만 있으면, 나의 지나간 삶들을 그분의 삶에 꼭 한번 대보고 싶다.

얼마나 긴지, 아니면 얼마나 짧은지, 그분과 비교하면 얼마나 부드러운지, 얼마나 거칠었는지, 그때 가서 꼭 한번 확인해 보고 싶다.

그게 아니라면, 차라리 나도 다대오처럼 아예 흔적도 없이 사라져 버리는 것이 맞는 것은 아닌지 밤을 새워서라도 그분과 긴 얘기를 나누고 싶다. 그때까지는 나도 그냥 '하나님께 사랑받는 아들'로만 살면서 말이다.

가룟 사람 유다

 사람치고 귀하지 않은 사람은 없다. 그래서 예수님께서는 "사람이 만일 온 천하를 얻고도 제 목숨을 잃으면, 무엇이 유익하냐?"고 말씀하시면서, "사람이 무엇을 주고 제 목숨을 바꾸겠느냐?"라고 반문하신 것이 아닐까? 예수님께서는 우리 안에 있는 아흔아홉 마리의 양을 놔두고서 잃은 양 한 마리를 찾아 나서는 목자의 비유를 말씀해 주셨다.

 이 비유의 핵심은 죄인 한 사람이 회개하면 하늘에서는 회개할 것 없는 의인 아흔아홉으로 말미암아 기뻐하는 것보다 더 크게 기뻐하실 거라는 말씀이다. 이와 같이 인간의 영혼은 천하보다 귀한 것이다. 생일을 맞으면 일가친척이나 친구들까지 다 함께 모여서 축하해 주는 것도 다 그런 이유 때문이다.

 그런데 성경에는 차라리 태어나지 않았으면 더 좋을 뻔했던 사람이 있다. 가룟 유다가 그런 인물이다. 이건 괜히 하는 말이 아니다. 예수님께서 가룟 유다에 대해서 "그 사람은 차라리 태어나지 아니하였더라면 제게 좋을 뻔하였느니라!"라고 친히 말씀하셨기 때문이다. 살아있는 사람에 대해서 어찌 그런 저주의 말씀을 하셨을까 싶지만, 그 말씀은 저주의 말씀이 아니라, 매우 안타깝고 민망한 마음으로 하신 주님의 말씀이었다. 가롯 유다(Judas Iscariot)는 그 당시에 흔했던 '유다'라는 이름 앞에 그의 고향 이스카리옷을 붙여서 불렀던 예수님의 열두 번째 제자다.

 필자는 예수님의 제자였으나 예수님을 배반하고 그분을 팔아먹은 제자, 가롯 유다를 만나보기로 했다. 워낙 비위가 강하고 넉살 좋기로 소문이 나 있는 필자였지만, 막상 가롯 유다를 만나기로 결심하고 보니, 은근히 부담도 되고, 겁이 나기도 했다. 한편으로는 두려운 생각마저 들면서 아무튼 여러 가지로 불편했다. 그런데 막상 가롯 유다를 만나고 나니, 그동안 가졌던 모든 염려는 다 기우였다는 것을 알게 되었다. 그는 보기보다 겁이 많았고, 양심의 가책을 받아서 그랬던 건지 수치심이 많은 사람이었다.

 필자를 만난 가롯 유다는 얼굴을 벽에 처박은 채 한사코 인터뷰를 거절했다. 그는 당사자의 얼굴을 모자이크 처리해 줄 것과 음성을 변조해 달라고 요구했다. 책에 무슨 음성이 들어가는 것도 아니고 얼굴이 나가는 것도 아닌데, 왜 그 난리를 치는 건지 모르겠다. 어쨌든 가롯 유다는 피해망상증 환자처럼 보였다.
 필자는 일부러 모든 선입견을 다 지워 버리고 그를 만났음에도 불구하고, 그는 얼핏 보기에도 도둑놈처럼 보였다. 실제로 그는 매우 간사하고 이기적인 인물이었다. 그러나 그도 한때는 나라와 민족을 끔찍이 사랑했던 열심당 당원이었다. 자기 조국 이스라엘의 독립을 애타게 갈망했던 가룟 유다는 자기가 예수님의 제자가 된 가장 큰 이유를 이렇게 말했다.

"남들은 어떻게 생각할지 모르겠지만, 나는 오직 예수를 왕으로 세워서 우리 이스라엘을 로마로부터 해방해 보려는 생각뿐이었습니다요!"

그렇게 순수한 열정으로 예수님의 제자가 되었던 가룟 유다는 그만 한순간의 탐욕에 사로잡혀서 돌이킬 수 없는 죄를 짓고 말았다. 그러고도 그는 모든 탓을 남들에게만 돌렸다.

그는 열한 명의 제자와 예수님이 한통속이 되어서 자신을 따돌렸다고 말했다. 자신은 아직도 여전히 억울하고 분하다면서 씩씩거리고 있었다. 다 뻔히 아는 사실인데도, 가룟 유다는 발뺌하기에만 바빴다. 정말 어처구니가 없었다. 그의 말대로 예수님과 제자들이 그를 따돌리기라도 했을까? 필자가 그동안 만났던 열한 명의 제자들은 같은 동료인 유다에게 그렇게 모질게 할 사람이 아무도 없었다. 예수님은 더 말할 것도 없고 말이다.

그런데 가룟 유다가 아직도 그런 생각에 사로잡혀 있는 것을 보면, 그는 심각한 피해망상증 환자임이 분명했다. 그런데도, 예수님의 제자들은 그를 가장 똑똑하고 계산이 빠른 사람으로 여겨서 모임의 회계를 맡겼었다. 돈이라면 한 푼이라도 허투루 쓰지 않는 그의 성격을 잘 알고 있었기 때문이었다.

훗날 가룟 유다는 자기 선생 예수님을 은 삼십 냥에 팔아먹은 것에 대해서 많은 사람들의 비난이 쏟아지고 극형을 면치 못할 것이 뻔하게 되자, 초범임을 내세우면서 형량을 줄여 달라고 애걸복걸했다. 그러나 재판부는 그의 말처럼 그의 범죄 행위가 처음이 아님을 밝혀냈다.

한번은 예수님께서 베다니 마을에 사는 나사로의 집에 가셨을 때, 나사로의 누이동생 마리아가 꽤 비싼 향유 옥합을 깨뜨려서 예수님의 발에 부어드린 적이 있었다. 그것은 인도에서 수입한 순도 100% 원액의 나도향이었는데, 그 값어치가 무려 삼천만 원 이상 가는 고가품이었다. 그때 가룟 유다는 화를 버럭 내면서 마리아에게 소리쳤다.

"이 비싼 향유를 그렇게 허비하는 이유가 뭐냐? 차라리 팔아서 가난한 사람들을 구제하는 일에 쓰면, 얼마나 좋았겠냐?"

그러나 가룟 유다의 속마음은 가난한 자를 구제하려는 의도가 아니었다. 자기가 회계였기 때문에 그 돈을 슬쩍 횡령하려는 의도였다.

검찰은 수사관을 급파해서 평소에도 가룟 유다가 회계 감사를 피하려고 돌려막기식으로 공금을 횡령한 정황을 확보했다. 장부를 조작하고, 이중장부를 기재하면서 슬금슬금 공금을 유용한 행위는 엄하게 벌해야 마땅하다는 검찰 조서가 공개되었다. 부정한 방법으로 자신의 배를 채워왔던 가롯 유다는 우발적인 범행이었음을 강조하면서 선처를 호소했다. 그러나 검찰은 그의 범행 수법이나 피해 규모가 큰 점을 들어서 재판부에 징역 5년을 구형했다.

재판부는 피해자와의 합의 조차 시도하지 않은 점과 공범이 없는 단독 범행으로서 치밀함과 대범함을 보인 그의 죄는 마땅히 중형을 선고함이 옳다고 판단했다. 1심 재판부는 재범의 우려가 있을 것을 고려하면서도, 그의 스승이신 예수님의 인격과 가르침에 일말의 기대감을 보이면서 징역 3년에 집행유예 2년, 벌금 7천만 원을 선고했다.

검찰 측에서는 이를 두고 가롯 유다가 재판부를 매수한 것이 아니냐는 뒷말이 나오기도 했지만, 검찰은 즉각적인 항소를 결정했다.

그러나 이런 판결에는 예수님과 그의 제자들이 제출한 500페이지가 넘는 분량의 탄원서도 한몫한 것으로 알려졌다. 예수님께서는 사람 하나 제대로 만들어 보려고 그에게 여러 차례 회개의 기회를 주셨다. 그러나 그때마다 가롯 유다는 위선과 뻔뻔함으로 자신의 죄를 인정하지 않았다. 오히려 가롯 유다는 초호화 로펌 변호사를 채용해서 자신의 죄를 덮어 보려고 했지만, 여론의 호된 매를 맺고 비관해서 결국 극단적인 방법으로 생을 마치고 말았다.

예수님의 제자로서 존귀한 자리에 앉았던 자였으나, 여러 번 반복되는 권면과 질책에도 깨닫지 못했던 가룟 유다는 결국 멸망하는 짐승이 되고 말았다.

오죽했으면 '차라리 태어나지 않았었더라면 좋았을 뻔했다'라는 말을 들었을까? 하나님과 재물을 겸하여 섬길 수 없다는 예수님의 말씀이 오늘따라 더 깊이 가슴에 와닿는다. 오늘날의 가룟 유다는 과연 누구일까?

2부
새 시대를 바라본 사람들과의 만남

2-1 동방박사 세 사람 …………………… 102
2-2 양 치는 목자들 ………………………… 106
2-3 덕구의 성탄절 …………………………… 110
2-4 세례자 요한 ……………………………… 115
2-5 이스라엘의 위로를 기다렸던 시므온 …… 119
2-6 아브라함의 자손이 된 삭개오 ………… 123
2-7 오지랖이 넓어서 마당발로 소문났던 마리아 … 128
2-8 섭섭 마귀를 물리친 나사로 …………… 133
2-9 하나님의 위로를 소망했던 나사로 …… 138
2-10 하나님의 나라를 사모했던 니고데모 … 143
2-11 수가성 여인 …………………………… 148
2-12 익명의 어린아이 ……………………… 152
2-13 괴짜 아줌마 …………………………… 158
2-14 선한 사마리아 사람 …………………… 162
2-15 가나 혼인집의 하인들 ………………… 166
2-16 순수하고 깨끗한 사람, 나다나엘 …… 170
2-17 음행 중에 잡혀 온 여자 ……………… 175

2부 새 시대를 바라본 사람들과의 만남

 같은 시대를 살아가는 사람 중에도 언제나 뒤처지는 사람이 있다. 그런데 2천 년 전에 살았으면서도 항상 시대를 앞서간 사람들이 있었다는 것은 참으로 놀라운 일이 아닐 수 없다. 우리가 사는 이 시대도 마찬가지다. 현실에 안주하거나 미래에 대한 희망이나 꿈이 없는 사람들은 항상 뒤처지게 마련이다. 그러나 가진 것도 없고, 배운 것이 없어도 늘 소망을 품고 사는 사람이라면 현실을 뛰어넘는 능력을 갖춘 사람들이다. 그들에게는 항상 미래에 대한 기대와 소망이 있기 때문이다.

 미래지향적인 사람들은 과거나 현실에 매어 살지 않는다. 비록 현재의 궁핍함이나 곤고함이 있을지라도 모든 것을 감사하며 사는 사람들이다. 실제로 이들은 자신만 보고 살지 않고, 주변의 사람들에게 시선을 둘 줄 아는 사람들이다. 이런 사람들은 자기 개인뿐 아니라, 공동체에도 이득이 되기 때문에 이런 이들에게서 '공동의 선'이 나오게 된다. 이들의 선행이나 긍정적인 삶의 모습이 모든 이들에게 본보기가 되고, 더 나아가서 사회를 건강하고 행복하게 만드는 모퉁

잇돌이 되는 것이다.

 정권이 바뀌면 새로운 시대가 올 거라는 기대는 누구나 가지고 있다. 그러나 어느 정권이든지 몇 달이 가지 않아서 부패하게 되고, 국민에게 실망을 안겨 줄 뿐이다. 그렇다면, 새 시대는 올 수 없는 것인가? 그렇지 않다. 시대가 암울하면 암울할수록 오히려 새 시대를 열망하는 마음은 더 크게 마련이다.

 2천 년 전 유대 사회도 마찬가지였다. 나라를 잃고 로마의 지배를 받는 상황에서도 이들에게는 수천 년 동안 내려온 '메시아사상'이 더 깊이 자리하고 있었다. '그분'이 오시면, 모든 가난과 압제는 사라질 것을 기대하고 있었기에 백성들은 허덕이면서도 자기들만의 방법으로 숨통을 트고 살았다.

 오늘날 우리 대한민국의 사정을 보면, 뭐든지 넉넉하고 풍요롭기만 하다. 그러나 그 이면에는 패배 의식과 절망감에 사로잡혀서 살고 있는 사람들이 너무 많다. 20대의 절반이 백수라는 '이태백'이나, 살기 어려운 대한민국이라는 뜻의 '헬조선' 등의 부정적인 신조어들이 난무하는 것만 봐도, 우리의 현실이 얼마나 답답하고 살기 어려운지 알 수 있다. 이런 때일수록 '새 시대를 바라보는 눈'이 필요하다. 지금에 비하면 2천 년 전의 삶은 하루하루가 얼마나 고단하고 피곤한 삶이었을까?

 그런데도 아니, 그렇기 때문에 오히려 더욱 새 시대를 바라보며,

새 시대를 꿈꾸며 산 사람들이 있었다. 그들은 언제나 남들보다 더 부지런했으며, 더 긍정적인 삶의 자세를 가지고 있었다. 그래서 그들은 남들보다 훨씬 먼저 진리를 깨닫기도 했고, 뜻하지 않았던 행운을 만나기도 했다. 그들은 자기 일에 충실하면서도 더 많은 희생을 마다하지 않은 사람들이었다.

그렇다고 해서 그들이 특별한 평가를 바라거나, 어떤 대우를 기대한 것은 아니었다. 그냥 온순하고 착하게 살면서 마음 한쪽에 늘 소망의 등불을 끄지 않았던 사람들, 힘들고 어려운 현실 속에서도 체념하거나 낙심하지 않고, 인내하며 꿋꿋하게 살았던 사람들일 뿐이다. 누구라도 그런 사람들 앞에서는 저절로 고개가 숙어질 수밖에 없다. 그들의 신분이나 지위 따위는 아무 문제가 되지 않는다. 진정한 존경은 그런 사람들의 몫이다.

새 시대를 바라본다는 것은 그 시대를 한탄한다는 뜻이 아니다. 몸과 마음은 젖은 솜처럼 무겁고 나른해도 그들의 영혼은 순결해서 언제라도 날아갈 듯한 가벼움이 있었던 사람들, 이제 열일곱 꼭지를 조심스럽게 하나씩 하나씩 열어 보자!

동방박사 세 사람

　예수님의 탄생 기사에서 빠지지 않고 등장하는 인물 중에 동방박사 세 사람이 있다. 이들은 별을 연구하는 천문학자들이었다. 성경에서는 이들의 이름을 기록하지 않고 있다. 그러나 이들은 아기 예수님을 직접 만나본 몇 안 되는 사람 중에 끼어 있다. 이들이 특별한 여호와 신앙을 가진 사람들이었다고 보기는 어렵다. 그리고 그들은 유대인들도 아니었다. 그저 별을 연구하는 점성가 정도에 지나지 않는 사람들이었다. 필자는 이들에게 강한 호기심이 생겼다.

　필자는 2천 년 전에 동방에서 별을 연구하던 박사 세 사람을 찾아가 보았다. 그들은 커다란 탁자 위에 양가죽을 펴 놓고서 하늘의 별자리들을 그대로 옮겨서 그리고 있었다. 얼핏 보아도 60대 후반이거나 70대 정도는 되어 보였다. 누렇게 변한 수염이 인상적이었다. 나이가 많아서 하늘의 별자리도 제대로 보이지 않을 텐데, 참 신기했다. 그러나 이들은 남다른 감각을 지닌 것으로 보였다. 이들은 하늘의 별자리들을 다 외우고 있었다. 그들이 그려 놓은 별자리에는 국자 모양의 북두칠성이 제일 먼저 눈에 들어왔다.

필자는 초등학교 자연 시간에 배웠던 전갈자리나 카시오피아 자리, 오리온자리 등을 찾아 보았다. 박사라고 하기엔 왠지 어울리지 않는 세 사람의 영감님들은 필자가 가져온 인스턴트커피를 맛있게 마시면서 한국의 커피 기술에 대해서 연신 칭찬하고 나섰다.

그때 갑자기 하늘에서 큰 섬광과 함께 송아지 눈동자만큼 큰 별이 나타났다. 영감님들은 잔뜩 흥분된 얼굴로 너덜거리는 두꺼운 책을 뒤지더니, 빨리 짐을 싸 들고 나오라고 소리쳤다.

필자는 영문도 모른 채 짐을 챙겨 들고 영감님들의 뒤를 따라나섰다. 영감님들은 움직이는 별을 따라서 말없이 걷기 시작했다. 필자도 성경에서만 읽어 보았던 광경을 목격하게 된 것에 대해서 기대하는 마음으로 열심히 따라 걸었다. 얼마나 걸었을까? 헤롯왕이 살고 있는 예루살렘에 도착해서 헤롯왕을 만나게 해 달라고 비서실에 면담을 신청했다. 얼마 지나지 않아서 헤롯왕이 우리 일행을 불렀다. 헤롯왕은 영감님들의 말에 뭔가 심기가 불편한 듯 재차 물었다.

"정말 유대인의 왕이 태어났단 말이오?"

헤롯은 대제사장들과 백성의 서기관들을 다 불러들여서 유대인의 왕이 어디에 태어나겠는지 물었다. 서기관 한 사람이 성경을 펼쳐서 미가 선지자의 글을 읽기 시작했다.

"베들레헴 에브라다야! 너는 유다 족속 중에 작을지라도 이스라엘을 다스릴 자가 네게서 내게로 나올 것이라! 그가 내 백성 이스라엘의 목자가 되리라!"

헤롯은 얼굴이 붉으락푸르락해지더니 영감님들에게 말했다.

"도대체 그 별이 나타난 게 정확히 언제였소? 당신들이 베들레헴에 가서 유대인 왕으로 태어난 아기를 보거든, 그 아기에 대해서 자세히 알아보고 내게도 얘기해 주시오! 나도 가서 그에게 경배하겠소!"

헤롯은 아무렇게나 둘러대듯 말했다. 필자는 일행들의 옆구리를 쿡쿡 찔렀다. 영감님들은 바쁘다는 핑계를 대고 서둘러서 왕궁을 빠져나왔다. 우리 일행이 왕궁에서 나오자, 다시 별이 문득 앞서서 길을 인도하기 시작했다. 마침내 그 별은 우리 일행을 베들레헴의 어느 허름한 집 마구간 앞으로 인도했다. 우리가 그곳에 도착하자 우리를 인도하던 별은 더 이상 움직이지 않았다.

영감님들의 얼굴에는 기쁨이 가득했다. 그들은 서로 하이 파이브를 하면서 얼싸안고 춤을 추었다. 영감님들은 필자에게 따라 들어오라며 눈짓을 보냈다. 그런데 아무 생각 없이 따라나섰던 필자는 빈손으로 온 것이 너무 후회되었다. 그러나 여기까지 따라와서 아기 예수님을 못 보고 간다는 것은 더 억울할 것 같았기에 허리를 구부리고 마구간으로 따라 들어갔다. 마구간 안에는 역한 짐승 냄새가 진동했다. 그런데도 영감님들의 표정은 사뭇 진지하고 밝기만 했다. 영감님들은 아기 예수님께 엎드려서 경배했다. 그러고는 언제 준비해 왔는지 보배 합을 열어서 황금과 유향과 몰약을 예물로 드렸다. 빈손으로 따라갔던 필자는 손이 부끄러워서 어쩔 줄을 몰라 했다.

그날 밤, 영감님들은 거기서 웅크리고 새우잠을 자면서 아기 예수의 나심을 축하했다. 아침이 되자 영감님들 중에 한 사람이 말했다.

"내가 간밤에 꿈을 꾸었는데, 꿈에 천사가 나타나서 절대로 헤롯에게 돌아가지 말라고 했소! 그러니 우리 다른 길을 이용해서 고국으로 돌아갑시다!"

필자가 보기에도 이들은 참 지혜로워 보였다. 필자의 눈에는 한낱 영감들이었지만, 이들을 박사라고 지칭한 이유가 있었다는 것을 알게 되었다. 유대인들도 아니었고, 여호와 신앙을 가진 사람들도 아니었는데, 이들이 하나님의 아들 예수 그리스도를 만나게 된 이유가 나름 있었구나 싶었다.

문득 신학생 때 배웠던 일반계시와 특별 계시가 생각났다. 우리에게 주신 성경 말씀처럼 정확한 하나님의 음성도 있지만, 때로는 자연 현상을 통해서도 깨닫게 하시는 하나님의 그 크신 은혜가 새삼 깨달아졌다. 혼자 멍하니 생각에 잠겨 있는 동안 영감님들은 어디로 갔는지 자취도 없이 사라져 버렸다. 혹시라도 아기 예수님이 깰까 봐, 필자도 조용히 일어나 밖으로 나왔다. 여느 때처럼 하늘의 별들은 초롱초롱 빛나고 있었다.

양 치는 목자들

예수님께서 탄생하신 성탄절을 앞두고 필자는 좀 더 자세하게 그때 상황을 확인해 보고 싶었다. 그런데 당시에 아기 예수님을 만난 사람들은 거의 없었다. 필자는 누가복음 2장을 펼쳐서 읽어 보았다. 그리고 예수님을 만났던 목자들을 직접 만나보기로 했다. 유대 지방의 밤은 쌀쌀하다 못해 춥기까지 했다. 필자는 어둠 속에서 들려오는 양들의 울음소리를 따라가 보았다. 몇몇 목자들이 양들을 지키고 있었다. 필자의 방문을 받은 목자들은 내심 반가워했다. 그도 그럴 것이 그들은 양을 치기 위해서 마을을 떠나 광야에 머문 지가 벌써 닷새째가 되었기 때문에 사람이 그리웠던 모양이었다.

그들은 양을 치면서 어지간히 지루하고 피곤해 보였다. 특히 언제든지 해직될 수 있는 비정규직 노동자들이었기 때문에 불안한 상태에서 하루하루를 살고 있는 사람들이었으니, 그럴 만도 했다. 그런데도 그들은 일자리가 흔하지 않은 상황에서 양이라도 칠 수 있다는 것이 얼마나 다행인지 모른다고 했다. 그중에 한 사람은 평생을 양치기 목자 생활을 하면서 나름대로 자긍심을 가진 사람도 있었다. 그는 낮 동안 양들을 관찰하면서 양들의 건강 상태를 보고 받았다. 그는 다음 날 양을 끌고 가야 하는 목적지에 대해서 자세히 설명해 주었다.

목자들은 막대기로 땅바닥에 그림을 그리거나 글씨를 쓰면서 지루한 시간을 보내고 있었다. 집에 두고 온 자기 가족들의 이야기를 하면서 고향을 그리워하는 사람도 있었다. 어떤 사람은 밤 근무를 할 때에는 수당을 더 주어야 되는 것 아니냐면서 볼멘소리로 불만을 토로하기도 했다. 나이가 비교적 젊어 보이는 한 친구는 열심히 돈을 벌어서 몇 마리 양이라도 구매해서 작은 목장을 경영하는 것이 꿈이라고 자신의 포부를 말하면서 시간을 보내고 있었다.

목자라는 직업은 그리 만만한 직업이 아니었다. 목자를 단순 노동자라고 생각하는 사람들도 있겠지만, 나름대로 전문성이 있는 직업이었다. 언제 어디서 갑자기 짐승들이 나타나서 양들을 해칠 수도 있어서 항상 긴장하고 있어야 했다. 또한 광야에서 길을 잃지 않으려면 방향감각은 필수였다. 밤이 깊어져 가면서 밀려오는 졸음을 쫓기 위해서 부르는 히브리인들의 민요가 처량하게 들렸다.

그때였다. 어디서 나타났는지 천사가 우리 곁으로 내려와서 서 있었다. 그 순간, 마치 조명탄이 터진 것처럼 사방이 환하게 밝아졌다. 무슨 영문인지 몰랐던 우리들은 깜짝 놀라서 사색이 되어 버렸다.

천사가 말했다.

"무서워하지 말아라! 내가 온 백성에게 미칠 큰 기쁨의 좋은 소식을 너희에게 전해주겠다. 오늘 다윗의 동네에 너희를 위하여 구주가 나셨으니, 그분이 곧 그리스도 주시니라! 너희가 가서 강보에 싸여 구유에 뉘어있는 아기를 보게 될 것인데, 그러면 내 말이 무슨 말인지 알게 될 것이다."

목자들은 서로 얼굴만 바라보며 아무 말도 하지 못했다. 다윗의 고향이라면 베들레헴을 말하는 것인데, 양들을 들판에 내버려두고 거기까지 가는 것은 부담이 아닐 수 없었다. 그러나 역사적인 현장을 직접 눈으로 목격하고 싶다는 의견이 다수였기 때문에 목자들은 베들레헴으로 가기로 했다.

그런데 메시아의 탄생을 축하하기 위한 예물도 없이 빈손으로 간다는 것은 예의가 아니었다. 우리는 천사가 불렀던 노래를 축하곡으로 불러들이기로 했다. 필자는 목자들을 소프라노와 알토, 테너, 베이스로 나누어서 연습시켰다. 다행히 목자들은 가사가 간단하고 은혜스러워서 잘 따라 불렀다.

"지극히 높은 곳에서는 하나님께 영광이요, 땅에서는 하나님이 기뻐하신 사람들 중에 평화로다!"

은은하게 울려퍼지는 아카펠라 찬양 소리에 양들도 평안을 누리는 것 같아 보였다. 목자들은 서둘러서 베들레헴으로 떠났다. 아마 아기 예수님의 탄생을 빨리 확인해 보고 싶었던 모양이었다.

우리 일행은 베들레헴에 도착해서 천사가 전해준 말대로 초라한 마굿간 안으로 들어가 보았다. 요셉은 겁에 질려 떨고 있는 마리아와 함께 어쩔 줄 몰라서 쩔쩔 매고 있었다. 출산 경험이 처음이었기 때문에 아기를 강보에 싸서 구유에 올려놓고 있는 젊은 부부의 눈에는 두려움이 가득해 보였다. 목자들은 천사에게 전해 들은 이야기를 요셉과 마리아에게 들려 주었다.

　목자들의 말을 들은 마리아는 다소 안도하는 모습을 보였다. 우리는 열심히 연습했던 찬송을 축가로 불러 주었다. 아기 예수는 방긋방긋 웃고 있었지만, 배냇저고리조차 없었던 아기는 찬 바람에 달달 떨고 있었다. 축복의 노래를 부르는 목자들의 얼굴에는 행복이 가득해졌다. 추운 벌판에서 양을 치는 목자들로서는 정말 보람있는 일을 한 자신들이 대견스럽게 생각된 모양이었다.

　20대의 태반이 실업자라는 뜻을 가진 '이태백'이라는 말이 정말 부끄러웠다. 우리 대한민국의 젊은이들은 일자리가 없는 것이 아니라, 일을 안 하고 있는 것이 아닌가라는 생각 때문이었다.

　직업에 귀천이 없다는 말은 누구든지 자기 직업을 통해서 하나님께 영광을 돌릴 수 있다는 말이다. 우리의 직업에 감사하면서, 내가 하는 일을 통해 큰 기쁨과 보람을 느낄 수 있는 우리 모두가 되었으면 좋겠다.

덕구의 성탄절

'빈방 있습니까?'라는 제목의 연극이나 뮤지컬을 본 사람들은 성탄절의 의미를 새롭게 느꼈을 것이다. 1977년 12월호 가이드 포스트지에 실렸던 실제 이야기가 1980년 12월에 우리나라 모 일간신문에 '월리의 성탄절'이라는 제목의 칼럼으로 소개된 적이 있었다. 연출가 최종률씨가 이 이야기를 극화해서 만든 작품이 바로 '빈방 있습니까?'라는 희곡이다.

대학 시절에 연극을 했던 필자는 산청에서 목회할 때, 학생들과 같이 이 작품을 두어 번 공연했었다. 실제 인물로 알려진 월리라는 소년이 교회에서 연극을 준비하면서 생긴 에피소드가 뮤지컬과 연극으로 만들어진 것이다. 최종률씨는 '월리'라는 이름 대신에 '덕구'라는 이름으로 희곡을 썼다. 극중 인물 덕구는 혀가 짧고, 약간의 뇌성마비 장애가 있는 듯이 보이는 인물로 설정되어 있다.

때는 성탄절을 앞둔 어느 겨울, 덕구가 다니는 교회에서 성탄절 준비가 한창이었다. 전도사님은 아이들과 함께 성탄절 연극을 준비하게 되었다. 아이들은 서로 좋은 역을 맡기 위해서 보이지 않는 경쟁이 치열했다. 언제나 그랬듯이 키가 크고 잘 생기고 목소리가 좋은 아이가 요셉을 맡게 될 것이고, 제일 예쁜 여학생이 마리아 역할을 맡게 될 것은 뻔했다.

아이들은 아직 배역이 정해지지도 않았음에도, 벌써부터 각자 마음에 드는 배역을 골라서 연습하고 있었다. 드디어 전도사님이 들어오시고 아이들을 불러 모아서 극 중 배역을 정하게 되었다.

그런데 아이 중에 덕구가 보이지 않았다. 아이들은 덕구를 열심히 불러댔고, 화장실에 갔던 덕구가 바지춤을 쥐고 뛰어 들어왔다. 아이들은 그런 덕구를 은근히 싫어했다. 전도사님은 아이들이 상처받지 않게 하려고 골고루 배역을 맡겼다. 예상했던 대로 마리아와 요셉은 그 교회에서 제일 인기가 많은 아이들에게 돌아갔다. 로마 병정과 같은 단역도 멋진 분장과 의상 때문에 나름대로 인기가 있는 역할이었다. 덕구에게 주어진 역할은 여관집 주인 역할이었다. 그것도 대사가 딱 한 마디밖에 없는 단역 중의 단역이었다. 그렇지만 덕구는 최선을 다해서 연습했다. 안타깝게도 덕구는 혀가 짧은 데다가 약간의 장애까지 있었던 터라, 덕구로서는 그 짧은 대사마저도 쉽지 않았다. 그럼에도 덕구는 요셉과 마리아가 여관에 찾아왔을 때 "빈 방 없습니다!"라고 한 마디만 하면 되는 여관 주인의 역할을 잘해 내기 위해서 쉬는 시간에도 열심히 연습했다.

"비비비빈 방 어 어 없습 니다."

덕구의 더듬거리는 말 때문에 아이들은 깔깔거렸고, 덕구를 흉내 내며 놀려대기까지 했다. 똑똑한 아이들은 자기를 따라 해 보라면서 덕구의 대사를 몇 번씩이나 가르쳐 주었지만, 덕구는 그 쉬운 대사도 제대로 따라 하지 못했다.

연습 기간이 다 끝나고 마침내 공연하는 날, 덕구는 "빈방 없습니다!"라는 자기 대사를 수도 없이 되뇌면서 대기실에서 자기 순서를 기다리고 있었다. 드디어 요셉이 만삭의 마리아를 데리고 여관에 도착해서 문을 두드렸다.

"계십니까? 계십니까?"

덕구는 자기 대사에 너무 신경을 쓴 나머지 자기가 나가야 할 타이밍도 놓치고 말았다. 한참 만에 전도사님의 지시로 헐레벌떡 뛰어나온 덕구는 빈방이 있느냐는 요셉의 대사가 끝나자 망연자실하게 되었다.

"빈방 있습니까? 제 아내가 만삭이 되어서 이제 곧 아기를 낳아야 하는데, 가는 곳마다 방이 없군요."

덕구는 더듬거리며 몇 번씩이나 "비 비 비 빈 방...."만 반복하면서 자기 대사를 하지 못하고 쩔쩔매고 있었다. 무대 뒤에선 아이들이 작은 소리로 안타깝게 소리쳤다.

"빈방 없습니다!!!"

그래도 덕구는 "비 비 비 빈 방...."만 더듬대며 통 마려운 강아지처럼 제자리만 맴돌고 있자, 재치가 있는 요셉이 그 말을 되받아서 말했다.

"아, 빈방이 없다는 말씀이죠? 알겠습니다."

그 순간 덕구는 돌아서는 요셉을 불러 세우며 이렇게 말했다.

"빈방 있습니다!"

관객들은 술렁거렸고, 연출을 맡은 전도사님과 아이들은 난리가 났다. 전도사님의 지시로 무대 조명이 다 꺼졌고, 전도사님은 관객들에게 사과의 말을 해야 했다. 덕구 때문에 연극을 망쳤기 때문이었다. 연극이 끝난 후, 덕구는 울면서 전도사님께 말했다.

"저저저 전 전도사님, 죄죄죄송합니다. 제가 연극을 마마마 만쳐나써요. 허허허지만 이 추추추운 겨겨겨울에 어어어어떻게 예수님을 내쫓을 수 있겠어요? 우우우우리 집엔 비비비빈방이 있걸랑요. 내 방이라도 드리고 싶었어요. 죄죄죄송해요, 저저전 전도사님!"

연극은 대충 이렇게 끝이 난다.

20년 전, 산청 칠정교회에서 이 연극을 하면서 필자가 덕구 역을 맡았었다. 아이들도 울고, 할머니 집사님들도 다 우셨다. 우리가 가진 것 중에 귀하지 않은 것은 없다. 그런데 귀찮아서라도 예수님께 드리기를 꺼리는 경우가 많다. 예수님의 탄생이 2천 년 전 사건이 아니라, 지금 우리에게 일어난 사건이라면, 초라하고 가난한 그분들을 맞이해서 정성껏 모셔 들일 수 있을지 의문이다.

어느 가수가 노래했다. 세상은 요지경이라고! 잘난 사람은 잘난 맛에 살고, 못난 사람은 못난 맛에 산다나? 이런 요지경 세상 속에서 진정으로 예수님을 모셔 들일 수 있는 사람은 정말 귀하기만 하다. 오죽하면 예수님께서는 마지막 때에 세상에서 믿음을 보겠느냐고 탄식하셨을까?

세례자 요한

사람마다 사는 방법이 다르다는 것은 누구나 인정하는 사실이다. 그러나 달라도 너무 다를 때, 사람들은 그를 기인(畸人)이라고 부른다. 성경에 등장하는 사람 중에 최고의 기인이 누구냐고 묻는다면, 필자는 주저 없이 세례자 요한을 꼽는다.

필자가 그를 처음 만났을 때, 그는 광야에서 노숙 생활을 하고 있었다. 나이 삼십에 가출했다고 하면 어울리지는 않겠지만, 그는 부모와도 아예 연락을 끊어버렸다고 했다. 요한의 아버지인 사가랴 제사장은 요즘 말로 말하자면, 대형 교회를 담임하고 있는 유명한 목사님과 같은 존재였다. 그의 어머니 엘리사벳도 대대로 제사장 가문에서 자랐기 때문에 요한의 부모님들은 모두 명문가 출신이었다.

요즘에야 목회 세습에 대한 비판적인 여론이 들끓고 있지만, 당시만 해도 제사장의 아들은 저절로 제사장직을 물려받는 시절이었다. 그러므로 요한은 힘들이지 않고, 제사장으로 대우를 받으면서 편하게 살 수 있는 사람이었다. 요한은 늙은 어머니와 아버지 사이에서 늦둥이로 태어났다. 그래서 그는 어려서부터 온갖 귀여움을 받으며 자라났다. 더구나 가문의 대가 끊어질 뻔했던 상황에서 태어난 아들이었기에 요한에 대한 부모님들의 기대는 더 클 수밖에 없었다.

그랬던 요한이 모든 기득권을 다 내던지고 광야로 나가서 노숙자가 된 데에는 그만한 이유가 있었다. 요한의 외갓집 식구 중에 예수라는 청년을 만나기 시작하면서, 요한은 뭔지 모를 사명감에 불타기 시작했다. 요한은 당시의 모든 사람들이 기다려 왔던 대망의 메시아 사상에 심취되어 있었는데, 그 메시아가 바로 예수라는 사실에 대해서 의심의 여지가 없었다고 했다.

결국 요한은 세상의 마지막 때가 왔고, 그 마지막 심판자인 예수가 오셨기 때문에 모든 사람들은 회개하고, 눈앞에 다가온 천국을 준비해야 한다고 생각한 것이다. 그래서 요한은 이 땅에서 자기가 누릴 수 있는 모든 부귀영화를 포기하고 광야로 나섰다고 했다.

그의 행색은 초라하다 못해 거지꼴을 하고 있었다. 낙타 가죽을 벗겨서 그걸 옷이라고 몸에 두르고 있었고, 허리에는 가죽 띠를 질끈 동여매고 있었다. 배가 고프면 메뚜기를 잡아먹었고, 돌 틈을 뒤져서 야생 벌꿀을 따 먹었다. 바짝 마른 볼때기 주변엔 파리들이 날아들고 있었다. 누가 봐도 요한은 금방이라도 영양실조로 쓰러질 것처럼 보였다. 그러나 그의 눈은 항상 살아서 빛이 나고 있었다. 믿음의 확신 때문이었을까?

필자는 가지고 있던 빵과 우유를 요한에게 건네주었지만, 요한은 끝내 사양했다. 그는 서둘러서 요단강으로 달려갔다. 이미 많은 무리가 요한의 소식을 전해 듣고 요단강으로 몰려왔기 때문이었다. 그들은 요한이 외치고 있는 회개의 세례를 받기를 원하고 있었다.

　요한에게 세례를 받으러 나온 사람 중에는 이름만 대면 알만한 상당한 지위를 가진 부자들도 눈에 많이 띄었다. 그런데 난데없이 요한이 버럭 화를 내더니, 그들에게 호통을 치는 것이 아닌가?
　"이 쓰레기만도 못한 인간들아! 사악한 독사의 자식들아! 누가 너희에게 닥쳐올 하늘의 진노를 피하라고 하더냐? 먼저 가서 회개에 합당한 열매부터 맺고 와라! 아브라함의 자손이랍시고 뻐기면서 우쭐대는 너희들에게는 절대로 세례를 줄 수 없다!"
　요한의 불호령이 떨어지자, 사두개인들이나 바리새인들과 같은 사회 지도층 인사들은 슬금슬금 눈치를 보며 줄행랑을 쳐버렸다.

　요한은 헤롯 안티파스 왕에 대해서도 독설을 서슴지 않았다. 그는 부도덕하고 파렴치한 왕의 행적들을 낱낱이 고발하면서 회개를 촉구하고 나섰다. 그 바람에 요한은 요주의자 명단에 오르게 되었고, 마침내 요한은 긴급조치 9호, 유언비어 유포 및 국가 안전과 공공질서의 수호를 위한 특별법에 따라서 긴급 체포되었다. 유언비어를 날조하고 유포하여 군중을 선동해서 폭동을 일으키려 했다는 황당한 죄목이 요한에게 적용된 것이다.
　구속 영장도 없이 체포되어 교도소에 갇힌 요한은 자기 신념에 대해서 더 확실한 증거를 듣고 싶었다. 요한은 자기 제자들을 예수께 보내서 과연 예수가 하나님께서 보내신 메시아인지 확인해 보라고 부탁했다. 예수를 만나고 돌아온 요한의 제자들의 답변은 완벽하게 선지자들의 예언과 일치했다. 많은 사람들이 요한을 영웅으로 떠받들었지만, 자신은 주인공이 아니라며 자기 제자들마저 예수의 제자로 보내주었다.

그리고 밤공기가 차가운 어느 날, 요한은 영문도 모른 채 끌려 나가서 참수형을 당했다. 요한의 머리는 소반에 담겨서 헤롯 안티파스의 후처인 헤로디아에게 전해졌다. 비록 목 베임을 받아 죽은 요한이었지만, 그는 이미 천국 백성이 되어서 승리의 노래를 부르고 있었다.

"세상 사람 날 부러워 아니하여도, 나도 역시 세상 사람 부럽지 않네. 하나님의 크신 은혜 생각할 때, 할렐루야 찬송이 저절로 나네."

세례자 요한의 죽음은 "한 알의 밀이 땅에 떨어져 죽지 아니하면 한 알 그대로 있고, 죽으면 많은 열매를 맺느니라!"라고 하신 예수님의 말씀처럼, 결코 헛된 죽음이 아니었다. 필자는 세례 요한을 기인으로 생각했던 것에 대해서 회개했다. 그는 과연 여자가 낳은 자 중에 가장 위대한 인물이었다.

이스라엘의 위로를 기다렸던 시므온

'오래 살고 볼 일'이라는 말이 있다. 살다 보면 별일들을 다 겪게 되겠지만, 그래도 참고 오래 살다 보면 좋은 일을 만나게 된다는 뜻이다. 세상에 좋은 일이 어떤 것인지에 대해서는 생각하기에 따라서 다르다. 그러나 살아생전에 그리스도를 만나게 된다면, 이건 정말 오래 살고 볼 일이 아니겠는가?

성경에 나오는 인물 중에 시므온이라는 사람은 성령이 충만한 사람이었다. 일찍이 시므온은 자기가 죽기 전에 그리스도를 보게 될 것이라는 계시를 받은 사람이었다. 목사인 나로서도 성령이 충만한 사람이 어떤 사람인지 사실 구별하기가 쉽지 않다. 겉으로 볼 때에는 거룩한 것 같고 경건한 것처럼 보이지만, 그 속을 누가 알겠는가? 열 길 물속은 알아도, 한 길 사람 속은 모른다고 했다. 더구나 성령께서 친히 함께하는 사람을 구별해 내기란 절대 쉽지 않은 일이다. 그리고 성령의 계시를 받았다는 사람들을 하도 많이 봐왔기 때문에 정말 성령의 계시를 받은 것인지, 그냥 자기 기분에 그런 것 같아서 그러는 건지, 그것도 알 수 없는 일이다.

그래서 필자는 성령의 계시를 받았다는 시므온을 찾아 떠나 보았다. 시므온이라는 사람이 예루살렘에 살고 있다는 소문만 듣고서 예루살렘 성으로 들어가 보았지만, 시므온이라는 이름만 가지고는 서울 한복판에서 김 서방을 찾는 격이었다. 시므온이라는 이름은 너무 흔한 이름이었다. 게다가 내가 한국에서 온 목사라는 걸 어떻게 알았는지, 원숭이를 보듯이 신기해하면서 수많은 사람들이 떼거리로 모여들었다.

필자가 성경 인물들을 만나서 그들의 이야기를 책으로 쓰려고 한다고 하니까, 서로 자기들이 내가 찾고 있는 시므온이라고 주장했다. 제발 자기 이야기를 책에 써 달라는 것이다. 어중이떠중이들이 다 모여들어서 자기들의 이야기를 들어 달라고 부탁하는 바람에 얼마나 곤욕을 치렀는지 모른다.

심지어 어떤 사람은 주민등록증을 보여주면서 자기가 진짜 시므온이라고 주장하면서 인도에서 수입한 나드향 한 옥합을 뇌물로 슬쩍 건네기도 했다. 잘 부탁한다고 몇 번씩 절을 했지만, 거들떠보지도 않았다. 왜냐하면, 성령 충만한 사람이라면 그럴 리가 없기 때문이었다. 아니나 다를까, 한마디로 거절하고 자리를 떠나 버리자, 등 뒤에서 바로 욕을 하는 소리가 들렸다. 나중에 알고 보니까, 그 사람이 보여주었던 신분증은 중국에서 위조된 가짜 주민등록증이었다.

구약 성경에도 보면, 야곱의 첩이었던 레아가 낳은 아들로 야곱의 열두 아들 중에 둘째 아들의 이름이 시므온이었다. 에스라서에서는 이방 여자와 결혼한 여러 남자의 명단 중에 시므온이라는 사람이 등장한다. 이 두 사람은 일단 구약 시대 사람들이기 때문에 제쳐두기로 하고, 신약 시대의 인물 중에서 찾아보기로 했다.

그랬더니 누가복음에 기록된 예수님의 족보 가운데 시므온이라는 사람이 있었다. 그리고 사도행전에서는 안디옥교회의 선지자와 교사 중에 니게르라고 불렀던 시므온이 나왔다. 또한 야고보 사도가 베드로를 시므온이라고 부른 기록도 있었다. 결국 필자가 찾는 시므온과는 다 거리가 먼 사람들이었다. 그런데 누가복음에서 시므온이라는 이름을 또 발견하게 되었다. 문맥상으로 봐서도 그가 틀림없이 우리 독자들이 간절하게 찾고 있는 시므온이라는 것을 직감할 수 있었다.

필자는 누가복음 2장에 기록된 시므온을 찾아 나섰다. 성경의 기록에 의하면, 그는 의롭고 경건한 사람이었기 때문에 틀림없이 예루살렘 성전 근처에 있을 것이라는 생각이 들었다. 그런데 예루살렘 성전에는 비둘기와 염소, 양과 소를 파는 장사꾼들만 득실거리고 있었다. 마침 점심시간이 되어서 예루살렘 성전에서 일하는 사무간사도 나가고 없었다. 참 난감하기만 했다. 어차피 먼 길을 떠나온 터라, 조급하게 생각하지 않기로 하고 예루살렘 시내로 들어가 보았다. 가는 날이 장날이라더니, 예루살렘 시내엔 장사꾼들의 떠드는 소리와 함께 아이들이 뜀박질하는 소리가 요란했다.

그때 시장 한구석에서 쭈그리고 앉아서 먼 하늘을 바라보고 있는 사람을 발견했다. 필자는 그가 바로 우리가 찾고 있던 시므온임을 한눈에 알아볼 수 있었다. 명함을 건네주고 인사를 하자, 그는 자리를 털고 일어섰다. 할 말이 없다는 거였다.

지금까지 하나님께서는 로마의 식민지로 있는 이스라엘을 구해주시지 않았기 때문에 날마다 기대와 실망이 교차하면서 힘겹게 살고 있다고만 했다. 그런데 몇 달 전에 요셉이라는 젊은 사람이 자기 아내 마리아와 함께 갓난아기에게 할례를 받게 하려고 예루살렘 성전에 온 적이 있었다고 했다.

시므온은 그때 처음으로 눈이 번쩍 뜨였다고 말했다. 시므온은 실례를 무릅쓰고 젊은 부부에게 아이 좀 보자고 졸라댔고, 젊은 부부는 영문도 모른 채 아기를 시므온에게 안겨 주었다. 시므온은 아기를 안고 감격하며, 하나님께 영광의 찬송을 드렸다고 했다. 시므온은 그때, 그 아기에게서 이스라엘의 구원을 보았다고 말했다.

그런데 그 아기가 언제 자라서 이스라엘을 구하겠느냐면서 깊은 한숨을 내쉬었다. 필자는 굳이 이 말 저 말 설명하고 싶지 않았다. 다만 시므온이 그토록 기다려왔던 메시아를 안아 볼 수 있었다는 것이 부러울 뿐이었다. 시므온, 그는 정말 복된 사람이었다.

아브라함의 자손이 된 삭개오

성경 인물을 만난다는 핑계로 24년 전에 성지순례를 하면서 가 봤던 팔레스타인 지역을 다시 둘러볼 수 있게 되었다. 필자로서는 가장 신나는 일이었다. 언제가 될지는 모르겠지만, 인물 연재가 끝나면 애독자들과 함께 성경에 나오는 지명을 하나씩 돌아보면서 새로운 연재를 하고 싶다는 생각이 들었다. 지난번엔 예루살렘에서 시므온을 만났었는데, 이번엔 여리고로 가 보기로 했다.

사실 성지순례를 와 본 것이 하도 오래되어서 여리고라고 하면 그저 '종려나무 성읍'이라는 이름에 걸맞게 오렌지가 달고 맛있었다는 기억밖에 없었다. 그리고 여리고 성터와 시장통 한가운데에 서 있던 커다란 뽕나무 밖에는 잘 기억나질 않는다. 필자는 24년 전에 보았던 그 뽕나무를 다시 보고 싶었다. 개역 성경에는 뽕나무라고 번역되어 있었지만, 개역 개정판 성경에는 돌무화과나무라고 표기해 놓고 있다.

거기서 필자는 오후 2시에 삭개오라는 사람을 만나기로 약속을 잡앉다. 삭개오는 필자가 교회학교 시절에 집사님께서 설교하실 때마다 단골로 등장하던 인물이어서 매우 친숙하게 느껴졌다. 시간을 맞추려다 보니, 점심을 먹을 겨를도 없이 간신히 약속 시간에 맞추어서 여리고 성문 앞에 있는 뽕나무 아래에 도착했다. 많은 사람들이 순례자들을 맞아서 여리고 특산품인 오렌지와 함께 이런저런 토속 상품을 팔고 있었다.

날은 덥고 정신이 없을 정도로 시끌벅적한 분위기에서 삭개오를 만나기로 한 것에 대해서 약간의 후회도 있었지만, 그래도 이번엔 한눈에 삭개오를 알아볼 수 있을 것이라는 확신이 들었다. 삭개오는 다른 사람들보다 키가 매우 작다는 것을 알고 있었기 때문이었다.

한참 만에 제네시스 승용차 한 대가 오더니, 창문이 내려지면서 햇볕에 검게 그을린 중년 남성이 내게 말을 걸어왔다. 삭개오 사장님을 만나러 오셨느냐는 말에 그렇다고 했더니, 차에 타라고 했다. 여행하다 보면 이국땅에서 국산 자동차를 보게 되는 것만큼 반갑고 기분 좋은 일도 없다. 간단한 영어를 섞어서 몇 마디 대화해 보니, 그는 삭개오의 비서쯤 되는 사람이었다. 그가 운전하는 제네시스 승용차가 시내를 벗어나서 한적한 곳으로 달리기 시작했다. 도로 옆으로 양을 몰고 가는 양치기 목동들의 모습이 신기해 보였다. 그렇게 5분 정도 달려서 커다란 상점 옆에 있는 큰 저택 앞에 차가 멈춰 섰다.

차 문이 열리기도 전에 삭개오로 보이는 사람이 뒤뚱거리면서 나오더니, 필자를 반갑게 맞아 주었다가 식사를 하지 못했다는 말도 안 했는데, 그는 벌써 근사한 식탁을 차려놓고서 식사를 권했다. 오랜만에 받아보는 환대에 감사하며, 식사를 마치고 차를 마시면서 삭개오와 친근한 대화를 나누었다. 삭개오는 예수님에 관한 이야기를 하면서, 침이 마르도록 예수님을 칭찬했다.

그는 어렸을 때부터 항상 키가 작다고 놀림을 받아왔기 때문에 지금도 학창 시절에 찍었던 사진이나 졸업 앨범 같은 것을 아예 다 없애버렸다고 했다. 그래서 필자는 삭개오가 엄청난 열등감을 가지고 있을 거로 생각했다.

그런데 필자가 만난 삭개오는 자신감이 넘쳐 있었다. 삭개오가 세무서에서 일을 할 때에는 자기 외모 때문에 일부러 더 열심히 세무서 일에 신경을 썼다고 했다. 남들은 삭개오의 속사정은 알지도 못하면서, 일벌레라고 삭개오를 놀렸다고 했다. 덕분에 남들보다 훨씬 진급이 빨라서 젊은 나이에 세무서 서장까지 승진했지만, 지금까지 아무도 삭개오를 인정해 주는 사람이 없었다는 것이다. 그런 이유로 삭개오는 외로움과 함께 분노의 감정이 많은 사람이었는데, 예수님을 만난 이후로 인격에 큰 변화가 생겼다고 했다.

많은 사람들이 여리고에 오신 예수님을 만나기 위해서 모여들었을 때, 삭개오는 점심시간을 이용해서 예수님이 계신 돌무화과나무 쪽으로 나가 보았단다. 그런데 안타깝게도 키가 작았던 삭개오는 아무리 까치발을 해 봐도 군중 속에 파묻히신 예수님을 뵐 수가 없었다. 이미 삭개오에게는 세무서장 같은 직함은 걸레 조각만도 되지 못한 것이었다. 삭개오는 체면 불고하고 돌무화과나무 위로 올라갔다.

그런데 그때 기적 같은 일이 벌어졌다. 예수님께서 말씀을 하시다 말고, 뽕나무 위에 올라가서 예수님의 말씀을 듣고 있던 삭개오를 부르시더니 내려오라고 말씀하셨다. 엉겁결에 삭개오는 예수님 앞으로 다가가서 무릎을 꿇었다. 예수님께서는 삭개오의 집에 가서 쉬시면서 식사라도 같이하고 싶다고 하셨다. 너무나 기쁘고 반가운 마음에 삭개오는 예수님을 모시고 자기 집으로 뛰어 들어갔다. 당시 세리들은 로마제국의 앞잡이로 낙인이 찍혀 있었던 터라, 아무도 삭개오랑 친분을 맺기를 꺼렸기 때문에 예수님의 반응은 의외였다.

바리새인들과 서기관들도 수군거리며 예수님의 태도에 대해서 불만을 토로하며 질책했다. 그러나 예수님께서는 전혀 개의치 않으셨다. 예수님께 감동한 삭개오는 그동안 부정하게 거둬들였던 세금에 대해서 네 배로 배상해서 주민들에게 돌려주었고, 자기 재산의 절반을 가난한 사람들에게 나누어 주었다. 그때부터 삭개오는 평생 다녔던 세무 공무원을 때려치우고, 사회사업가가 되었다고 했다.

"오늘 구원이 이 집에 이르렀다. 이 사람도 아브라함의 자손이 되었다."라는 예수님의 말씀 한마디에 사람이 완전히 변화된 것이다.

삭개오, 그는 실로 선택받은 하나님의 백성이었고, 참 아브라함의 자손이었다.

오지랖이 넓어서 마당발로 소문났던 마리아

　일반적으로 기독교인들은 사교성도 좋고, 이리저리 잘 챙겨주는 사람이라는 평이 나 있다. 얼핏 보면, 우리 기독교인들이 사회적으로 참 좋은 인상을 풍겼기 때문이 아니겠느냐고 해석할 수도 있을 것이다. 그러나 달리 생각해 보면, 과도하게 여기저기 참견 잘하고 남의 사생활에 일일이 간섭해서 콩 놔라 팥 놔라 한다든지, 미주알 고주알 참견 잘하는 사람들이라는 부정적인 평가가 있는 것은 아닌지 자성(自省)해 봐야 한다.

　실제로 기독교인들이 타 종교인들보다 상대적으로 더 활발하게 활동하고 있다는 것에 대해서는 긍정적으로 볼 수 있겠지만, 그런 과정에서 본의 아니게 남에게 피해를 준다거나 우리 자신들에 대한 부정적인 이미지를 남기게 된다면, 스스로 우리 행동을 조심해야 할 것이다. 특별히 여기저기 참견하고 다니다가 자기 일을 놓쳐버리는 경우가 생긴다면, 일의 우선순위라는 측면에서도 썩 바람직한 모습은 아닐 거라는 생각이다. 성경 인물 중에 마르다라는 여인이 그런 사람이었다. 마르다는 남들 못지않게 믿음도 좋은 여인이었다. 예수님께서 특별히 사랑했던 친구의 누이동생이었으니, 마르다는 누구에게나 부러움의 대상이 아닐 수 없었을 것이다.

필자가 만나본 마르다는 성격이 괄괄하고 남성적이어서 집안의 대소사는 물론, 모든 행사를 기획하고 진행하는 것에서부터 실제적인 집행에 이르기까지 자기가 다 해야 직성이 풀리는 성격이었다. 마르다는 필자를 만나자마자 차 좀 태워달라고 졸랐다. 무슨 일이냐고 물었더니, 장을 보러 가야 하는데 시간도 없고 급하다는 거였다. 남의 부탁을 거절해 본 적이 없는 필자로서는 그냥 의외라고만 생각하고는 순순히 부탁을 들어주었다.

장마당에 도착하자마자 마르다는 커다란 마트로 들어가더니, 정신없이 물건을 고르기 시작했다. 예수님께서 집에 오신다는 말을 듣고는 밤을 새워서 식단을 짰다는 것이다. 손이 커서 물건을 사도 무조건 넉넉하게 사는 그녀를 보면서 좀 과하다 싶은 생각이 들었다. 그래도 모처럼 만에 예수님을 대접하는 거라면 그 정도의 정성은 있어야 하는 것은 맞는 말이지만, 가는 곳마다 외상으로 물건을 사는 마르다를 보면서 너무 당황스러웠다. 마침 신용카드를 가지고 있었던 필자는 급한 대로 결제를 대신 해 주고는 상자에 물건들을 담아서 차에 실었다.

집으로 가는 길에도 마르다는 계속 핸드폰으로 여기저기 전화를 걸면서 잠시도 쉬지 않고 떠들어댔다. 예수님께 음식을 대접해 드리고 나서는 빨리 어디를 또 가야 한다고 하는 것을 보니, 마르다는 무척 바쁜 사람인 것 같았다. 알고 보니까, 동네 부녀회장도 맡고 있었고, 여성의용소방대랑 자율방범대에서도 활동하고 있었다. 계 모임도 서너 군데나 들어 있어서 사흘이 멀다 하고 집을 비우고 돌아다니는 사람이었다. 필자는 속으로 생각했다.
'그래서 마르다가 아직도 시집을 못 간 거였구나.'

장에서 돌아와서 보니, 벌써 예수님이 와 계셨다. 나사로의 막냇동생 마리아는 예수님 발 앞에 바싹 붙어 앉아서 예수님의 말씀을 듣고 있었다. 예수님의 제자들과 함께 동네 사람 서넛이 문간에까지 밀려 나와 앉아있었다. 마르다는 장을 봐온 물건들을 풀어 놓고서 무엇부터 손질해야 할지 몰라 발만 동동 구르고 있었다. 마르다는 생선 대가리를 자르다가 말고, 밀가루 반죽을 하기도 했다. 달걀을 깨뜨려서 부침하다 말고, 예수님께서 삼계탕을 좋아하신다면서 닭을 잡더니 털을 뽑기 시작했다. 그러더니 또 그 손으로 부침개를 굽기도 했다.

점심시간은 점점 다가오는데, 예수님께서는 시장하시지도 않으신지 열심히 말씀을 전하고 계셨다. 마르다의 동생 마리아는 여전히 예수님 발치에 앉아서 말씀을 듣고 있었다. 더운 날씨에 바람까지 불어서 아궁이에선 연기가 나와 눈이 매웠다. 마르다가 몇 번씩이나 마리아를 불렀지만, 마리아는 꼼짝도 하지 않았다. 마침내 마르다가 예수님께 소리를 쳤다.

"예수님! 지금 제가 얼마나 바쁜지 다 아시면서 마리아에게 '가서 언니 좀 도와주라!'라고 하시면 어디가 덧나요? 어쩜 그렇게 모르는 척하고 계시는 거예요?"

예수님께서는 딱하다는 눈빛으로 마르다를 쳐다보시면서 이렇게 말씀하셨다.

"사람이 하루 세 끼 먹는 것이 중요한 것이 아니라, 영원토록 먹어야 할 하나님의 양식을 사모하는 것이 더욱 중요한 일이란다. 마리아에게 뭐라고 나무라지 말아라! 마리아는 참 좋은 선택을 한 거란다. 네 정성은 고맙다만 이것저것 다 하려다가 정작 중요한 것을 놓친다면, 그게 다 무슨 소용이 있겠니?"

예수님의 말씀이 섭섭하게 들렸는지 마르다는 부엌에서 훌쩍거리며 울고 있었다. 예수님께서 칭찬해 주셔도 시원치 않을 판에 예수님께 꾸중을 들었으니 오죽했을까? 물론 성격이 그래서 그렇다고 하면 할 말은 없겠지만, 그래도 오지랖이 너무 넓어서 손해 본 사람을 꼽으라면, 필자는 제일 먼저 마르다 생각이 난다.

필자 역시 오지랖 넓기로는 소문이 나 있는 사람이어서 행여나 예수님께 무안을 당하지나 않을까 심히 걱정되었다. 필자는 누가 뭐라는 사람이 없었는데도, 괜히 찔려서 슬쩍 일어나 앞마당으로 나갔다. 아침저녁으로는 찬바람이 불어서 쌀쌀하더니, 점심 때가 되니까 햇살이 제법 따사로웠다.

섭섭 마귀를 물리친 나사로

예수님을 대접하느라 부엌에서 하루 종일 땀을 뻘뻘 흘리고 있던 마르다는 오빠 나사로가 헛기침을 몇 번씩이나 해도 계속 필자를 붙들고서 넋두리를 늘어놓았다. 마르다는 오지랖만 넓은 게 아니라, 수다도 대단했다. 마르다의 오라버니 나사로가 필자를 불러내고서야 필자는 간신히 마르다의 수다에서 해방될 수 있었다. 하여튼 여자들의 수다란 시대와 민족을 초월하는구나 싶은 생각이 들어서 비시시 웃음이 나왔다.

나사로는 예수님을 모시고 가까운 목욕탕이라도 가고 싶어 했다. 그러나 예수님께서는 제자들을 다 데리고 가기가 부담스러우셨는지, 다른 일정을 이유로 종종걸음으로 나가시면서, 다음에 가겠노라고 말씀하셨다. 그렇게 예수님은 제자들을 챙기시더니, 서둘러 나사로의 집을 빠져나가셨다.

할 수 없이 필자와 나사로는 단둘이서 동네 목욕탕으로 향했다. 필자는 옷을 벗고 탕 안으로 들어오는 나사로의 몸을 보고 깜짝 놀랐다. 온몸이 시커멓게 멍이 든 것처럼 보였기 때문이었다. 나사로는 필자가 묻지도 않았는데, 얼마 전에 있었던 이야기들을 생생하게 들려주었다.

그날 나사로는 갑자기 날씨가 추워져서 그랬는지 뭔가 몸이 좋지 않았다는 느낌이 들었다고 했다. 나사로는 동생들이 추울까 봐 바람을 막으려고 문풍지를 붙이려던 참이었는데, 갑자기 급성 패혈증과 비슷한 증세를 보이면서 의식을 잃고 쓰러졌다는 것이다. 마르다는 서둘러서 예수님께 오빠 나사로가 위독하다는 소식을 전해드렸다. 예수님과 나사로는 둘도 없는 단짝 친구였기 때문에 예수님께서 친구 나사로가 위독하다는 소식을 전해 들으시면, 곧바로 오실 줄 알았던 모양이었다.

그런데 예수님께서는 워낙 바쁘셨고, 마무리해야 할 일들이 많이 남아있으셨던 것 같았다. 예수님께서는 나사로가 병들어 죽어가고 있다는 소식을 전해 들으시고도 바로 발걸음을 나사로가 살고 있는 베다니로 옮기지 못하셨다. 그 바람에 나사로는 예수님께서 오시기도 전에 죽고 말았다. 말도 많고 성질도 급한 마르다는 예수님 때문에 오빠가 죽었다면서 울고불고 한바탕 난리를 쳤다. 마르다는 나사로가 죽어서 이미 장사 지낸 후에 도착하신 예수님을 붙들고서는 차마 입에 담지 못할 말로 예수님을 원망하며 잔뜩 토라져 있었다.

그도 그럴 것이 예수님은 나사로와 각별한 친구 사이였고, 예수님께서 예루살렘 쪽으로 지나다니실 때마다 언제든지 오셔서 쉬실 수 있도록 배려했던 사람이 오빠 나사로였기 때문이었다. 그리고 예수님께서는 못 고치시는 병이 없으셨기 때문에 나사로가 죽기 전에만 오셨다면, 나사로가 어떤 병에 걸렸든지 금방 나사로의 병을 고쳐주셨을 거라는 얘기다. 부모도 없이 여동생 마리아를 데리고 오라버니 하나를 의지하고 살았던 마르다로서는 예수님께 걸었던 기대가 그만큼 클 수밖에 없었다.

사경을 헤매던 나사로 역시 예수님에 대해서 섭섭했던 건 마찬가지였다고 했다. 예수님에게 친구가 많았던 것도 아니고, 세상에 단 하나밖에 없는 친구가 숨을 헐떡거리면서 죽어가고 있는데, 아무리 바쁜 일이 많고, 할 일이 많았어도 당장 달려와 줬어야 하는 것이 친구 아니냐는 것이 그의 푸념이었다. 그런데 막상 죽게 되고 보니, 친구도 다 소용없구나 싶더란다. 생사의 갈림길에서 그렇게 믿었던 친구마저 자신을 버리는가 싶은 마음에 무척이나 섭섭했던 나사로였다는 것이다. 그래도 나사로는 동생 마르다만큼 예수님을 원망하지는 않았다고 했다.

그렇게 한참 시간이 지나서 나사로가 죽은 지 나흘이나 지났다. 이미 장사까지 지낸 상태였기 때문에 가족들도 희망을 버리고 포기한 상태에서 예수님께서 오셨으니, 누가 보아도 조문(弔問) 이상의 의미가 없었다. 나사로는 이미 돌무덤 속에서 썩어서 냄새가 진동하고 있었기 때문이었다.

　예수님께서는 나사로의 두 여동생 마르다와 마리아를 데리고 나사로의 무덤을 찾아가셨다. 그때까지만 해도 마르다나 마리아는 예수님께서 성묘를 가시는 것으로 생각하고 있었다. 그것도 아니면, 나사로가 죽은 뒤에 가족들을 위로해 주시기 위한 예배를 집례하려고 오신 것으로 생각했다.

　나사로는 두 여동생과 함께 부모님도 없이 3남매만 남아서 쓸쓸하고 외롭게 살다 간 사람이었다. 나사로는 어려서부터 소년 가장으로서 동생들을 돌보면서 바쁘게 사느라 장가도 못 갔으니, 살아생전에 예수님과 친밀하게 지낸 것 말고는 아무런 소망이 없던 사람이었다.

　나사로는 남들처럼 부유한 집안도 아니었지만, 예수님께서 오신다고 하면 언제든지 최선을 다해서 여동생들을 시켜서 식사도 챙겨 드리고 방을 비워 드렸다. 행여나 예수님께서 불편하시지 않도록 말도 가려서 했다. 예수님께서 쉬시는데 방해라도 될까 봐, 말조차 붙이지 못한 적이 많았다. 그런데 막상 예수님이 꼭 계셔야 하는 결정적인 순간에는 예수님께서 안 계셨다. 그 바람에 나사로는 고침을 받지도 못하고 죽어야만 했다. 나사로는 그 순간이 너무나 막막해서 눈앞이 캄캄했었다고 말했다. 나중에야 나사로는 사실 죽을 병도 아니었다는 얘기를 들었다. 하나님의 영광을 나타내기 위해서 나사로가 죽은 뒤에 예수님께서 오셨다는 사실도 나중에야 알게 되었다고 했다. 그래도 나사로는 섭섭함이 쉽게 가시지 않았다면서 그때를 생각하면 지금도 이해가 잘되지 않는다고 했다. 필자는 나사로의 손을 잡고서, 나 같았어도 그랬을 거라며 위로해 주었다.

그러자 나사로의 죽음이 하나님의 영광을 위한 것이었고, 예수님이 하나님의 아들이라는 것을 증거하는 계기가 되게 하시기 위함이었다는 예수님의 말씀을 듣고서야 맘이 조금 풀리기 시작했다고 말했다.

그 뒤로 나사로는 무슨 일이든지 예수님께서 영광을 받으시기 위함이라면, 얼마든지 감사하면서 때를 기다릴 수 있게 되었다고 했다. 필자는 나사로를 보면서, 섭섭 마귀도 못 이길 사람이라는 생각이 들었다. 진짜 믿음은 정작 어려울 때, 최악의 상태에 빠져 있을 때, 그때 비로소 빛을 보게 되는 것이라는 나사로의 말에 감동하였다.

나는 내가 죽어서 하나님의 영광을 나타낼 수 있게 된다면, 그것조차 감사할 수 있을까? 여기저기 시커멓게 썩어서 아직도 흉한 상처가 남아있는 나사로의 등을 밀어주면서, 세상에 날뛰는 '섭섭 마귀'(?)들을 혼내줄 생각에 괜히 신이 났다.

하나님의 위로를 소망했던 나사로

　이번에 독자들에게 소개해 드리는 나사로는 마르다와 마리아의 오라버니 나사로가 아닌, 동명이인의 사람이다. 또한 이번에 소개하는 나사로는 실존 인물이 아닌, 예수님의 비유 속에 나오는 가상의 인물이다. 그러나 필자는 상상 속에서 누구든지 만날 수 있으므로 실존 인물은 아니지만, 예수님의 비유에 등장하는 나사로를 만나보기로 했다.

　갈 곳 없는 나사로는 병든 몸을 이끌고 A 씨의 집 대문 앞에서 구걸하고 있었다. 나사로가 노숙 생활을 시작한 건 10년도 훨씬 넘었다. A 씨의 집 대문 안 정원에는 10억 원대의 명품 말(馬)과 함께 대여섯 마리의 반려견이 평화롭게 노닐고 있었다. 희한하게 생긴 고양이들도 일곱 마리나 있었다.
　나사로는 단순한 노숙자가 아니었다. 당장이라도 병원에 가서 치료받지 않으면 안 될 정도로 중병에 시달리고 있는 신세였다. 그러나 온몸이 만신창이가 되어서 피고름이 줄줄 흐르고 있었지만, 아무도 그를 병원에 데려다주는 사람이 없었다. 가끔 개나 고양이가 먹다 남은 먹이를 관리인이 가져다주는 것이 고작이었다.

　나사로는 밤새 추위에 떠느라 잠을 제대로 못 잤는지, 오전 11시가 다 되어서야 눈을 떴다. 필자는 나사로에게 다가가서 일부러 친한 척을 하면서 가지고 있던 요구르트랑 껌을 건네주었다. '산청 각설이, 조한우 목사'라고 적힌 명함을 보여주면서 한국에서는 '각설이가 만난 예수 공연'으로 알아주는 사람이라면서 한껏 자랑을 늘어놓았다. 나사로는 들은 척도 않았다. 한참 만에 나사로가 입을 열었다.
　"인간이 천사와 짐승의 중간쯤이라면, 거지는 인간과 짐승의 중간쯤이나 될 것이구먼!"

　필자는 망치로 뒤통수를 한 대 얻어맞은 것 같았다. 필자는 어렸을 때 다리 밑에 살림을 꾸려놓고 살던 거지들을 구경하러 가서 한나절을 보낸 적이 있었다. 그러면서 지금도 전국을 돌아다니면서 품바 공연을 하고 있지만, 정말 노숙자들이 느끼는 삶의 애환에 대해서는 너무나 피상적으로만 알고 있었던 것이 부끄러웠다.
　마치 쌀이 없으면 라면을 끓여서 먹으면 되지 않느냐고 말하는 철없는 어린 학생들처럼, 그렇게 몸이 병들어 있으면서 병원엔 왜 안 가고 이러고 있느냐고 면박을 주는 내 모습이 가증스럽기까지 했다. 나뿐 아니라, 대부분 사람들이 나사로의 형편을 불쌍하게 생각하면서 혀를 끌끌 차면서도, 실제로 그에게 도움을 주는 사람은 아무도 없었기 때문이었다. 나사로가 그렇게 구박받으면서도 A 씨 집 앞을 떠나지 못하는 이유는 오직 하나였다. 그나마 그 집 개나 고양이들이 먹고 남은 거라도 얻어먹을 수 있었기 때문이었다.

A 씨는 그 동네에서 제일 잘 나간다는 파란 기와집 여자와 친하게 지내면서 온갖 허세를 부리며 돌아다녔다. 아마도 파란 기와집 여자는 혼자 사는 사람이라서 정이 그리웠는지, 유난히 A 씨에게 극진하게 대접해 주었다. 그다지 공부를 잘 하지도 못했던 A 씨의 딸은 무슨 영문인지 명문대학에 당당하게 입학했다. A 씨의 딸은 학교에 다니는 날보다 빠지는 날이 더 많았지만, 학점은 알아서 잘 나왔다. 알고 보니, 과제물도 교수가 대신 써 준다는 거였다. 나사로는 세상 돌아가는 꼴이 눈꼴 사납기만 했다. 누구 말마따나 부모의 재력도 능력이라는데, 자기는 부모가 누구인지조차 모르고, 어려서부터 버려진 채로 거지 생활을 했기 때문에 사실은 누구를 원망하거나 탓할 형편도 못 되었다.

A 씨는 좋은 자가용을 타고 다녔기 때문에 추운 것도 없었을 텐데도, 왕비나 착용할 법한 여우 목도리를 두르고 나타나기도 했다. 그러면서 자기 집 앞에 누워있는 나사로에게는 볼 때마다 침을 뱉거나 발로 툭툭 차면서 재수 없다는 소리를 스스로 했다.

그러던 그녀가 어느 날부터인가 보이지 않았다. 나사로에게 가끔 개나 고양이들이 먹다 남은 음식물 찌꺼기를 던져주던 관리인도 더 이상 나타나지 않았다. 들리는 말로는 그 집 컴퓨터가 어쩌고저쩌고하더라는데, 나사로는 그게 무슨 말인지 알아들을 수도 없었다.

 나사로는 깊어져 가는 가을 어느 날, 새벽 거리를 청소하던 미화원에 의해서 싸늘한 시신으로 발견됐다. 아무에게도 눈길 한 번 받지 못했던 나사로의 죽음은 뉴스나 신문에서도 기사 한 줄 다뤄주는 사람이 없었다. 동사무소 직원은 무연고 변사자로 처리를 해 버렸다. 나사로는 그렇게 화장장으로 옮겨져서 한 줌의 재가 되고 말았다.

 그런데 이게 어찌 된 일인가? 나사로가 깊은 잠에서 깨어나 보니, 아브라함의 품에 안겨 있는 것이었다. 반면에 오히려 날마다 요란한 잔치를 벌이면서 호화스러운 파티를 일삼았던 A 씨는, 천국 그 어디에서도 찾아볼 수 없었다.

 그때였다. 저 멀리 깊은 구렁텅이 너머에서 고통 가운데 부르짖는 비명이 들렸다. 귀에 익은 목소리의 주인공은 A 씨였다. A 씨야 그렇다지만, 나사로가 천국에 들어갔다는 소식은 정말 뉴스거리였다. 주요 언론매체들은 살았을 땐 주목 받지 못했던 나사로가 죽어서 천국에 들어갔다는 소식을 일제히 보도했다. 외신들도 나사로의 천국 입성 소식을 1면 머리기사로 보도하면서 나사로가 무슨 이유로, 어떻게 해서 천국에 갔다는 것인지 쉽게 이해가 되지 않는다는 내용의 기사들을 실어 나르기 시작했다. 나사로가 세상에서 무슨 엄청난 선(善)을 행했다는 얘기도 들어본 적이 없기 때문이었다. 한 가지 가능성이 있다면, 나사로가 평생을 가난하고 천하게 살았기 때문에 죄를 짓기는커녕, 죄를 지을 시간도 없었을 뿐 아니라, 더 간절하게 하나님의 위로만 기다리며 살았던 것을 부각하는 논평이 쏟아져 나왔다. '산 개가 죽은 정승보다 낫다'라는 말이 한순간에 무색하게 되고 말았다.

하나님의 나라를 사모했던 니고데모

　사람에 따라 적극적이고 활달한 성격을 가진 사람들도 있지만, 때로는 소극적이고 수줍음을 많이 타는 사람들도 있다. 이번에 필자가 만난 사람이 바로 그런 사람이다. 니고데모, 그는 유대인의 관원으로서 산헤드린 공회원 중 한 사람이었다. 그는 성격 탓도 있었겠지만, 사람들의 눈을 많이 의식하면서 살았던 사람이다. 필자가 니고데모를 만났을 때도 마찬가지였다. 한류 열풍이 대단하다는 것을 알면서도 필자를 대하는 그의 태도는 무척이나 무덤덤하고 사무적이었다.

　산헤드린 공의회 의원 접견실에서 만난 그는 비서에게 차를 가져오게 하고서는 자신의 명함을 내밀었다. Νικόδημος(Nicodemus)라는 헬라어와 영어로 기록된 이름이 친근하게 느껴졌다. 필자도 명함을 건네주었다. 내가 목사라는 걸 확인한 그는 비서가 차를 가져다주고 나가자, 그때야 필자에게 여러 가지 질문들을 쏟아 놓았다. 　그의 성격이 다소 내성적이긴 했지만, 그렇다고 해서 그렇게 냉소

적이거나 소극적인 사람이 아님을 직감할 수 있었다. 그는 호기심이 많았고, 새로운 것에 대해서 알고자 하는 의욕이 강한 사람이었다. 그는 예수님에 대해서 많은 호기심을 가지고 있었으며, 특별히 영생에 관한 질문을 많이 했다.

바리새인으로서 모세의 율법을 지키는 것이 전부라고 생각하는 사회 분위기 때문에 니고데모는 일찍이 예수님을 만났으면서도 남의 눈을 의식하다가 이 문제에 대해서 예수님께 여쭙지 못했다고 했다. 언젠가는 예수님을 꼭 찾아뵙고 묻고 싶은 것이 있었지만, 그동안 국감 기간이라서 시간을 낼 수 없었다고 했다.

그러던 어느 날, 니고데모가 공회에서 퇴근한 뒤에 한참을 공관에 머물고 있다가 용기를 내서 예수님을 찾아가기로 결심했다고 털어놨다. 거리엔 어둠이 내리고 안개 속엔 가로등 하나만 희뿌옇게 켜져 있던 그날, 비라도 내려 버리면 눈물이 왈칵 쏟아질 것만 같았다는 니고데모는 마침 예수님께서 예루살렘에 오셨다는 소식을 듣고는 한밤중에 예수님을 찾아갔다. 그런데 예수님을 비밀리에 만나서 예수님과 깊은 대화를 나눈 니고데모는 오히려 더 깊은 혼란에 빠지게 되었다고 말했다.

니고데모는 유대인의 지도자였기 때문에 그가 예수님을 만난 것을 사람들이 알게 되면, 망신을 당할 것이라는 생각에 고민이 많았다고 했다. 그러나 해결할 수 없는 진리에 대해 갈급함을 떨쳐 버릴 수 없었던 그는, 한참을 망설이고 망설이다가 큰맘을 먹은 것이었다.

니고데모는 CC-TV가 없는 골목길을 돌고 돌아서 예수님을 찾아 나섰다. 덕분에 산헤드린 공회에서는 니고데모가 예수님을 만났다는 것을 아무도 눈치채지 못했다.

예수님을 만나자마자 니고데모는 예수님의 발 앞에 무릎을 꿇었다. 갈릴리 나사렛에서 목수 일을 하던 예수님이셨지만, 그가 가르치시는 말씀은 그 당시의 권세를 가지고 있던 대다수 바리새인의 가르침과는 전혀 달랐기 때문에 니고데모는 예수님께 깍듯하게 예우를 갖출 수밖에 없었다.

그동안 예수님에 대한 소문으로 봐서는 그가 틀림없이 하나님으로부터 오신 랍비(선생님)라고 생각했다. 왜냐하면 예수님께서 행하시는 기적들은 하나님이 함께 하시지 않으면 도저히 일어날 수 없는 기적들이었기 때문이었다.

그러나 우여곡절 끝에 예수님을 만났지만, 니고데모는 한참 동안 아무 말도 할 수가 없었다. 그리고 얼마나 시간이 지났을까? 니고데모가 조심스럽게 입을 열었다. 니고데모는 예수님에 대한 자기 생각을 말씀드렸다.

"사실 말을 안 해서 그렇지, 우리는 당신이 하나님으로부터 오신 선생이라는 걸 다 알고 있습니다. 하나님이 당신과 함께 하시지 않고서야 어떻게 이런 일들을 하실 수 있겠습니까?"

니고데모가 한껏 예수님을 추켜세워 드렸지만, 예수님은 아랑곳하지 않으셨다. 그리고 니고데모로서는 도저히 이해할 수 없는 말씀을 하셨다.

"사람이 거듭 나지 아니하면, 하나님의 나라를 볼 수 없느니라!"

니고데모는 거듭난다는 말을 이해할 수가 없었다. 사람이 한번 태어나면 그만이지, 어떻게 또 어머니 뱃속에 들어갔다가 다시 태어난단 말인가? 그런데 예수님의 말씀은 영적인 측면을 언급하신 것이었다.

예수님께서는 사람이 물과 성령으로 거듭나지 않으면, 하나님의 나라에 들어갈 수 없다고 말씀하셨다. 니고데모는 세례요한에게 세례를 받으면 물로 씻어 거듭나게 된다는 것쯤은 알고 있었지만, 성령으로 거듭난다는 말에 대한 의미는 도저히 이해할 수가 없었다. 니고데모는 솔직한 사람이었다. 모르면 모른다고 말하는 건 정말 용기가 필요한 것인데, 니고데모는 자신의 낮은 영적 수준을 예수님께 말씀드리고 도움을 요청했다. 그런 면에서 니고데모는 참으로 겸손하고 순수한 사람이었다.

모세가 광야에서 뱀을 든 것같이 예수님도 십자가에 달려 돌아가실 것이라는 사실을 깨닫고 난 뒤에야, 그는 눈물을 펑펑 흘렸다. 필자는 니고데모의 손을 마주 잡고서 간절하게 기도했다. 그리고 하나님이 세상을 이처럼 사랑하사 독생자를 주셨다는 사실과 예수 그리스도를 믿는 자마다 멸망하지 않고 영생을 얻게 된다는 귀한 진리를 설명해 주었다.

　니고데모는 예수님을 만난 뒤로 공회 대정부질문에서 예수님을 위한 적극 변론을 펼치면서 예수님의 든든한 후견인이 되었다. 초막절에 예수님을 체포하려고 혈안이 되어 있었을 때도 니고데모는 정당한 심문 없이 사람을 정죄하는 것은 옳지 않다면서 예수님을 적극 옹호하고 나섰다. 예수님께서 십자가에 달려 돌아가신 직후에는 본인이 직접 장례위원장이 되어서 아리마대 사람 요셉과 함께 예수님의 장례를 마무리해 드렸다. 바리새인이라는 껍질 때문에 예수님을 찾아뵙는 것조차 망설였던 니고데모는 이제 더 이상 겁쟁이가 아니었다. 결국 그는 그토록 갈망했던 하나님 나라를 보게 되었다.

수가성 여인

'여자 팔자 뒤웅박'이라는 말이 있다. 뒤웅박이란 쪼개지 않고 꼭지 근처만 도려내서 속을 파낸 바가지를 말한다. 부잣집에서는 뒤웅박에 쌀을 담아두었지만, 가난한 집에서는 같은 뒤웅박에 여물을 담아두었다고 해서 생긴 말이다. 뒤웅박이 어떤 집에서 쓰이느냐에 따라서 뒤웅박의 대접이 달라진다는 뜻이다. 여자 팔자는 어떤 남자를 만나느냐에 따라 달라진다는 뜻으로 사용된 속담이다.

물론 이 말은 다분히 여성을 비하하는 말이다. 요즘 같은 시대에서는 그런 말을 해서도 안 되겠고, 그 말이 절대적으로 맞는 말이라고 볼 수도 없다. 그러나 예전에는 여성들의 지위가 남성들의 지위에 비해서 상대적으로 매우 취약했고 어려웠으므로 그런 황당한 속담이 생겨난 것이다.

성경에 나오는 여인 중에 정말 기구한 운명(?)을 가진 여인이 있었다. 사마리아 지역의 수가라는 성에 살고 있었던 이름 모를 여인이 바로 그 주인공이다. 사마리아 지방은 역사적으로나 사회적으로

나 매우 소외된 지역이었다. 이스라엘 역사를 거슬러 올라가 보면, 주전 722년경에 북이스라엘은 앗수르 제국에 의해서 멸망되면서 계획적인 인종 혼혈정책에 희생양이 되었다. 정복 국가 앗수르에서는 유대인의 정통성을 파괴하기 위해서 유대인과 앗수르인을 강제로 혼인하게 했다.

그 결과, 북이스라엘의 수도였던 사마리아 시민들은 인종적으로나 신앙적으로나 거의 이방인처럼 취급되었다. 물론 남유다 왕국도 바벨론에 의해 멸망했고, 바벨론에 끌려가서 70년간 포로 생활을 겪었지만, 그래도 그들은 나름대로 순수한 유대인의 혈통만큼은 철저하게 지켜왔고, 여호와 신앙도 잃지 않고 있었다. 그런 연유로 예루살렘을 중심으로 한 남 유다 백성들은 북이스라엘 사람들, 특히 사마리아 사람들을 경멸하며 모욕하는 일을 서슴지 않았다.

종교적으로 개처럼 취급받았던 북이스라엘 사람들은 같은 하나님의 백성인 유대인들이면서도 스스로 의기소침해지면서 자신들의 정체성에 큰 혼란을 느끼고 있었다. 특히 남 유다 사람들이 사마리아 여인들을 보는 눈은 이루 말할 수 없이 거칠었고 모질었다.

그런 상황에서 수가성에 사는 여인에게 말을 건 남 유다 청년이 있었다. 바로 예수님이셨다. 유대 광야지대를 지나서 갈릴리 쪽으로 가시던 예수님께서는 사마리아 수가성을 지나가시다가 우물가에서 물을 긷고 있던 사마리아 여인에게 물을 좀 달라고 청하셨다. 여인은 깜짝 놀랐다. 남 유다 사람이 자기처럼 비천한 사마리아 여인에게 말을 걸어왔기 때문이었다.

　여인은 까칠한 말투로 예수님께 쏘아붙였다. 그러나 예수님의 인자하시고 온화하신 말씀에 이내 녹아들고 말았다. 예수님께서는 '물'이라는 매개체를 이용해서 여인에게 구원에 대한 확신을 주시고자 함이었다.

　"네가 내게 주는 물은 마셔도 다시 목마르려니와, 내가 주는 물을 마시는 자는 영원히 목마르지 않게 될 것이다. 내가 주는 물은 네 영혼 깊은 곳에서 영생하도록 솟아나는 샘물이 될 것이기 때문이다."

　여인은 날마다 물을 긷기 위해서 우물에 나오는 것이 죽기보다 싫었다. 그녀는 다섯 번씩이나 결혼과 이혼을 반복했지만, 지금 만나서 살고 있는 남자 역시 자기 신랑이 아니었기 때문에 동네에서조차 행실이 나쁜 여자로 손가락질을 받고 있었다. 그래서 여인은 남들이 우물가에 나오지 않는 뜨거운 한낮에 물을 긷기 위해 나왔다. 그런데 영원히 목마르지 않은 물이 있다니…

　남 유다 사람들에게는 인종적으로도 천시를 당했고, 개인적으로는 연거푸 실패한 결혼생활 때문에 자신감도 잃은 상태에서 이 여인은 더 이상 물러설 곳이 없었다. 그런데 예수님을 만난 후로는 자기 자신에 대해서 새롭게 눈을 뜨게 되었다. 여인은 어색한 분위기를 피하려고 아무 말이라도 해야 했다.

　"예배를 꼭 예루살렘에서만 드려야 되는 건가요? 어떤 사람들은 사마리아에서 예배를 드려도 된다고 하던데, 사마리아에서 드리는 예배는 예배가 아닌가요? 도대체 어떤 말이 맞는 건지 모르겠어요."

여인은 서먹한 분위기를 깨뜨려 보려고 아무 말이나 생각나는 대로 마구 지껄이고 있었지만, 사실은 자기도 무슨 말을 하고 있는지도 몰랐다. 그런데 유대인 청년에게 딴죽을 걸려고 했던 말이, 예수님께서 자기 구세주가 되시는 하나님의 아들이라는 사실을 믿게 되는 결정적인 질문이 되었다.

본래 예배란 장소가 문제가 아니라, 영과 진리로 하나님께 참된 예배를 드리는 것이 중요하다는 사실을 깨닫고 나서 여인은 자기 앞에 서 계신 분이 그토록 기다려왔던 메시아, 곧 그리스도라는 사실을 알게 되었다. 세상 사람들은 다 손가락질하고 흉을 보았지만, 예수님의 한없이 넓고 크신 사랑은 인종이나 인간 됨됨이를 따지지 않으셨기 때문이다.

지금 우리 대한민국은 보수와 진보 사이에 심각한 갈등을 겪고 있다. 그러나 보수도 진보도 예수 그리스도의 구원 앞에서는 아무것도 아니다. 나만 거룩하고 정당하다고 생각하면서 상대방은 악하고 미련하고 편향되었다고 질책할 일이 아니다. 우리는 모두 다 수가성 여인과 같은 죄인들에 불과하다. 다만 우리를 사랑하셔서 친히 하늘 보좌를 버리시고 우리 죄인들에게 찾아오신 주님의 은혜가 있었기에, 오늘 당신과 내가 이 자리에 있다는 사실을 꼭 기억해야 한다.

익명의 어린아이

　필자가 교회학교 시절, 교회에서 들었던 많은 설교 중에 지금까지도 기억나는 설교가 있다. 그 시절만 해도 전도사가 귀했던 시절인지라, 부장 집사님이 교회학교를 담당하셨다.
　부장 집사님은 유난히 나에게 더 엄하게 대하셨다. 필자의 어머니도 집사님이셨는데, 집사의 아들이 모범을 보이지 않고 까불고 떠든다면서 부장 집사님은 그 큰 주먹으로 나에게 군밤을 주시곤 했다. 꿀밤을 맞을 땐 눈물이 핑 돌았다. 그래도 집사님의 설교만큼은 정말 흥미진진했다. 그중에 오병이어에 대한 설교는 지금도 내 기억에 생생하게 남아있다.

　어린 시절에 들었던 설교를 되새김하면서 성경에서 만나는 인물들을 한 사람 한 사람 만나다 보면, 가상의 인물들과 이야기를 나눈다는 것은 정말 흥미진진한 일이 아닐 수 없다. 성경 속의 인물들과 허물없이 대화를 나누다 보면, 깊은 영감을 얻게 된다. 그 일은 필자의 신앙에도 큰 도움이 될 뿐 아니라, 독자들 역시 읽는 재미가 쏠

쏠하게 될 것이다.

  그런데 안타깝게도 성경에서 예수님의 공생애 기록을 읽다 보면, 의외로 이름이 없는 인물들이 많다는 것이 너무 아쉽기만 했다. 필자는 성경 속에 있는 무명의 인물들을 생각하면 생각할수록 궁금증이 더해지고, 호기심도 더 커졌다. 필자는 할 수만 있으면, '누가 이 사람을 아시나요?'라는 제목으로 신문에 사람을 찾는 광고라도 내보고 싶어질 정도였다.

  오늘도 너무나 궁금하고 그리운 사람 하나를 찾아 나섰다. 이제 겨우 10살이나 되었을까 싶은 어린아이인데, 혹시라도 독자 중에 이 아이를 보신 분이나, 이 아이에 대해서 알고 계신 분들은 필자에게 제보해 주시기를 바란다. 사실 이 아이의 신상에 관해서는 필자도 아는 바가 전혀 없다. 다만, 햇볕에 검게 그은 얼굴이 무척이나 순진해 보이고, 착해 보이는 아이일 것으로 여겨진다. 천진난만하지만, 제법 똑똑하고 야무진 성격의 아이일 거라는 추측만 하고 있을 뿐이다.

  아마도 이 아이는 남들처럼 학교 교육을 제대로 받지 못한 아이일 가능성이 크다. 왜냐하면, 또래 아이들은 각자 자기의 랍비를 찾아가서 공부하고 있을 시간에 이 아이는 빈들에 나와 앉아서 하루 종일 예수님의 말씀을 듣고 있었기 때문이다. 요즘처럼 교회마다 교회학교가 시들해지고 있는 마당에 이 아이는 정말 귀한 아이가 아닐 수 없다.

수많은 군중 속에서 어쩌면 어린아이라고 어른들에게 무시당했을 수도 있었을 텐데, 늦은 오후까지 빈 들에서 예수님의 말씀에 귀를 기울이고 있었던 것을 보면, 집중력도 뛰어난 아이였을 것이 분명하다. 그 자리에는 이 아이 말고도 많은 아이들이 있었을 것이다. 게중에 어떤 아이들은 모인 사람들 사이를 헤집고 다니면서, 집에서 가지고 온 물건들을 장사하느라 정신이 없었을 것이 분명하다. 그런 아이들은 십중팔구 예수님의 말씀을 듣겠다는 생각은 아예 안중에도 없는 아이들이었을 거다. 예나 지금이나 같은 아이라 해도, 어떤 아이들은 약삭빠르고 버릇이 없는 아이들이 있기 마련이다.
　그런데 이 아이는 달랐다. 하루 종일 꼬박 앉아서 뉘엿뉘엿 지는 해를 바라보면서도 조금도 요동치지 않고, 예수님의 말씀에 귀를 기울이고 있었다.

　필자가 이 아이를 정말 기특하다고 생각해서 꼭 만나고 싶어 하는 데에는 또 하나의 이유가 있다. 그날도 예수님의 말씀을 듣느라 날이 저무는 줄도 모르고 있던 군중들이 집으로 돌아가다가 혹시라도 기진할지도 모르는 상황이었다. 예수님께서는 무리를 염려하시면서 제자들에게 먹을거리를 나눠 주라고 말씀하셨다. 제자들은 자기들도 먹을 것이 없는데, 어디서 먹을 걸 구해야 할지 몰라서 걱정하며 발을 동동 구르고 있었다.
　예수님의 제자 중에 제법 똑똑하다고 평이 나 있는 빌립이라는 제자는 그 자리에서 계산기를 꺼내서 두드려 보았다. 거기 모인 사람들의 숫자가 장난이 아니었다. 남자 장정들의 숫자만 해도 5천 명이나 되었으니 말이다. 남녀노소 다 따지면, 적어도 2만 명 이상은 족히 될 것으로 보였다. 그래도 예수님의 제자들은 혹시라도 먹을거리를 가지고 있는 사람이 있을까 싶어서 열심히 찾아다니고 있었다. 그때 이 아이는 묻지도 따지지도 않고, 기꺼이 자기가 가지고 있던 도시락을 선뜻 내밀었다는 것이다.

어른들은 우왕좌왕하면서 이해득실만 따지고 있었기 때문에 이 아이의 행동은 더욱 돋보일 수밖에 없었다. 소년이 예수님의 제자 안드레에게 드린 것은 집을 나올 때 엄마가 준비해 준 도시락이었다. 소년의 집도 가난한 가정이어서 어린아이의 도시락은 고작 작은 물고기 두 마리와 보리떡 다섯 개뿐이었다. 그것은 자기 혼자 먹기에도 넉넉하지 않은 양이었다.

그런데 이 아이는 예수님의 말씀을 듣느라 해가 넘어가는 줄도 모르고 있다가, 가지고 온 도시락을 먹지 않고 있었다. 그 와중에 예수님께서 무리의 식사를 걱정하고 계실 때, 소년은 서슴지 않고 자기 도시락을 드렸다. 아이의 행동을 지켜보던 사람들은 아이의 행동이 철없는 짓이라며 타박하는 이들도 있었다. 그러나 아이는 진심으로 예수님께 도움을 드리고 싶었다.

헬라어 원어로 물고기는 '익투스'라는 단어와 '옵사리온'이라는 단어가 있다. 익투스는 적어도 꽁치나 고등어처럼 제법 큰 물고기를 일컫는 단어이고, 개울가나 호숫가에서 잡히는 작은 물고기는 '옵사리온'이라고 부른다. 헬라어 원어 성경에는 이 아이의 도시락 속에 있었던 물고기를 옵사리온이라는 단어로 기록하고 있다.

보리떡도 마찬가지다. 어린 시절에 보리 개떡을 먹어 본 기억이 있는 사람이라면, 이 아이가 예수님께 드린 보리떡이 어떤 것이었을지 짐작이 가고도 남을 것이다. 5, 60년대의 우리나라 형편도 그랬는데, 2천 년 전 팔레스타인 근동지역의 삶은 오죽했겠는가? 어린아이가 예수님께 드렸던 보리떡은 오늘날의 떡처럼 찹쌀을 곱게 빻아서 만든 고급스러운 떡이 아니었을 것이 뻔하다. 보나 마나 거친 보리를 찧어서 만든 보리 개떡 같은 것일 게 분명하다.

그곳에 모여서 예수님의 말씀을 듣고 있었던 사람 중에는 돈푼이나 가지고 있었던 부자들이 왜 없었겠는가? 그러나 그들은 서로 눈치만 보면서 아무도 경제적인 손해를 보려고 하지 않았다. 그런 상황에서 이 어린아이의 행동은 예수님을 감동을 주기에 충분했다. 이 아이는 칭찬을 받고 싶어서도 아니었고, 대중들 앞에 나서서 잘난체를 하고 싶어서도 아니었다.

21세기 찬송가 50장, "나에게 있는 모든 것을 아낌없이 드리네"라는 찬송가가 생각났다. 정말 아낌없는 헌신은 내 입에 들어가야 할 것을, 주님을 위해서 드리는 것이 아닐까? 오병이어의 주인공은 베드로나 안드레나 빌립이 아닌, 이 어린아이였다. 보나 마나 이 아이는 나중에 틀림없이 훌륭한 교회의 일꾼이 되었을 거라는 생각이다.

지금에 와서 이 아이가 더욱 보고 싶어지는 것은 대한민국 교회의 교회학교 현실 때문이다. 어린아이 하나가 귀한 오늘날 벳새다 들녘에서 보리떡 다섯 개와 물고기 두 마리를 바쳤던 그 아이를 잊을 수 없다.

"너희가 돌이켜 어린아이들과 같이 되지 아니하면, 결단코 천국에 들어가지 못하리라"라고 하신 예수님의 말씀이 귓가에 쟁쟁하다.

괴짜 아줌마

청문회와 특검으로 나라 안팎이 시끄러운 상황에서 점차 수사의 칼날은 A 씨를 정조준하고 있었다. A 씨는 최고의 실력과 권모술수로 막강한 권력을 휘두르고 있었던 터라, 쉽게 무너지지 않을 것이라는 오만한 생각을 갖고 있었다.

사실 수사 당국에 있는 사람들도 모두 A 씨의 후배들이었기 때문에 감히 그에 대해서만큼은 수사가 쉽지 않을 거라는 게 일반적인 관측이었다. 특히 그가 현직 검사로 있었을 때의 일화는 모든 사람들의 입에 회자할 정도로 당당한 그였다.

당시 대통령이 피의자 혐의를 받고 재판에 넘겨졌을 때, A 씨는 대통령을 향해서도 가히 모욕적인 언행을 퍼부었던 것으로 잘 알려져 있다. 그만큼 세상에 두려운 것이 없었던 그였기에 언제나 당당했고, 어지간한 사건은 손도 안 댈 정도로 귀하신 몸이었다. 그러던 그에게 귀찮은 일이 생겼다.

점심시간을 이용해서 동료들과 식사하러 근처 일식집을 방문했을 때였다. 밖이 시끄러워서 수행원이 나가 봤더니, 시장에서 생선 장사를 하는 아주머니 한 분이 A 씨를 만나게 해달라며 소란을 피우고 있는 것이 아닌가?. 수행원의 만류에도 불구하고, 이 아주머니는 A 씨 일행이 식사하고 있는 방안으로 뛰어 들어갔다. 생선 비린내와 함께 꼬질꼬질한 행색으로 나타난 그녀는 다짜고짜 A 씨를 붙들고 엎어져서 울기 시작했다.

세상에 태어나서 처음으로 이렇게 황당하고 무례한 일을 겪게 된 A 씨는 수행원들을 불러서 이 여인을 강제로 끌어내게 했다. 식사 분위기는 엉망이 되었고, 참석했던 동료들까지 눈살을 찌푸리면서 자리를 박차고 다른 식당을 찾아서 나가 버렸다.

그 식당은 A 씨의 노여움을 사게 되었고, 결국 며칠 만에 식당 문을 닫고 말았다. 그만큼 A 씨는 하늘에 나는 새도 떨어뜨리는 권력을 가지고 있었다. 그 후로 A 씨는 그 여인 때문에 몇 번의 봉변을 더 당했다.

심지어 재판 중에도 이 여인이 법정에 들어와서 울고불고 난리를 치는 바람에 휴정해야 했다. 이런 일이 한두 번이 아니었다. A 씨는 이 여인을 공무집행 방해죄로 구속해서 징역형의 집행유예를 선고하기도 했다. 웬만한 사람 같았으면 그 정도 처벌로 물러날 법도 했을 텐데, 이 여인은 막무가내였다.

한번은 모처럼 일찍 퇴근해서 가족들과 함께 오랜만에 회식하려고 집을 나서는데, 어디서 나타났는지 생선 장사 아줌마가 시장에서

같이 장사하는 아줌마들을 떼거리로 몰고 와서는 Ａ 씨 집 문 앞에서 대성통곡을 하고 있었다. 그 바람에 그날 가족 회식은 나가지도 못하고, 취소하고 말았다. 집 안으로 들어온 Ａ 씨는 괘씸한 생각이 들었다. 껌딱지보다 더 지겹게 들러붙어서 치근덕거리는 그 여인을 떼어버릴 생각에 밤새 잠을 잘 수가 없었다. Ａ 씨의 부인과 아이들까지 짜증을 내기 시작했다. 사는 게 사는 것 같지 않았다. 무슨 수를 써서라도 그 여인을 떼어 버려야겠다는 생각밖에 없었다.

다음 날 아침, 출근하자마자 Ａ 씨는 그 여인이 건네준 쪽지에 적힌 번호로 전화를 걸었다. 신호가 떨어지기가 무섭게 전화를 받았다. 여인은 이 말 했다 저 말 했다 횡설수설 도대체 무슨 이야기를 하는 건지 알아들을 수가 없었다. 무조건 억울하다는 말만 반복하면서 자기의 원한을 풀어달라고 생떼를 쓰는 거였다. 정식으로 재판을 청구하라고 했더니, 자기는 젊은 시절에 과부가 되어서 한평생 생선 장사만 하고 살았기 때문에 배운 것도 없고 변호사를 선임할 돈도 없다고 했다.

뭔가 분명히 억울한 일을 당하긴 한 것 같은데, 일면식도 없는 별 볼 일 없는 여자에게 시간을 빼앗기고 싶지는 않았다. 그러나 워낙 거만하고 인정머리 없기로 소문난 Ａ 씨였지만, 막무가내로 떼를 쓰는 그 여자 앞에서는 별다른 방도가 없었다.

Ａ 씨는 비서실로 인터폰을 눌러서 그 여인의 사건을 하루빨리 처리해 주라고 지시를 내렸다. 그렇게 하고 난 뒤에야 Ａ 씨는 그 여인

의 괴롭힘에서 완전히 해방될 수 있었다.

 필자는 수소문 끝에 마산 어시장에서 그 여인을 만났다. 억척스럽게 일하고 있는 그 아주머니의 좌판에서 이것저것 해물을 몇 가지를 고르면서 물어보았다. 도대체 무슨 배짱으로 A 씨한테 그렇게 생떼를 썼느냐고 했더니, 그 여인은 웃으면서 이렇게 말했다.
 "아요, 내가 요로코롬 홈차 삼시로, 아 서이를 다 대학꺼정 가르킴시로 몬 일은 모할까이? 그라고 두드리문 다 열린다 아이오? 사람이 구하지도 안 하고, 워찌 어디 가서 으더먹것소? 안 그라요? 그라고 이근 내 목사님잉께 드리는 말씀인디, 아무리 뻐팅기고 해싸도 그기 그란다고 다 되능기 아잉기라예. 이그시 꼭 되긋다! 내헌티 이른 믿음이 있응깨 그라지, 아고 말도 마이소! 시상 엇따 내놔도 믿음 업스모 못 사능기라예. 전신에 눈 뜨고 댕겨봐도 요새 시상에 믿음 있다카는 사람 별로 음능기라! 오죽하모 우리 예수님이 모라쿵고아이라, 인자가 올 떡에 시상에서 믿음을 보겠느냐 안 카듬니꺼? 아따 요로코롬 말을 해조도 모알아무모 귀꾸멍이 매킹기제!"
 그 아주머니가 다니는 교회의 담임 목사님이 누구신지, 참 부럽기만 했다.

선한 사마리아 사람

　사람이 차별받지 않고 산다는 것이 얼마나 감사한 일인지 모른다. 최근에 우리 사회에서는 '금수저'니 '흙수저'니 하면서 서로를 갈라치기 하는 바람에, 자신의 처지를 비관적으로 보는 사람들이 하나둘이 아니다. 그렇지만 필자는 그래도 우리 대한민국 땅에 태어났다는 것을 무척이나 다행스럽고 자랑스럽고 행복하게 생각한다.

　성경에서 보는 이스라엘 역사는 그 자체가 비극의 연속이었다. '하나님의 택하신 백성'이라는 전제조건을 달고 보더라도, 그들의 역사는 참으로 안타깝고 쓰린 역사였다. 이스라엘의 초대 왕이었던 사울의 뒤를 이은 다윗왕과 솔로몬왕이 다스렸던 통일 왕국은 이내 남유다 왕국과 북이스라엘 왕국으로 나누어지면서 남북 왕국은 대립과 반목의 역사로 점철되고 말았다.

　특히 주전 722년경 앗수르에 의해서 북이스라엘 왕국이 멸망을 하면서 이런 양상은 극에 달했다. 왜냐하면 북이스라엘 왕국을 멸망시킨 앗수르는 식민지에 대한 혼혈정책을 쓰면서 북이스라엘의 순수혈통을 파괴했기 때문이었다.

북이스라엘의 수도였던 사마리아 사람들이 대표적인 희생자들이었다. 남 유다 사람들은 북이스라엘 사람들을 경멸한 나머지 아예 사마리아 땅도 밟지 않을 정도였다. 그들은 사마리아 사람들이라면 인간 취급도 하지 않았고, 그들과 상종하는 것 자체를 부정한 일로 여겨왔다. 그런 이유로, 남 유다 사람들은 그들의 수도인 예루살렘을 중심으로 거룩한 예배를 자부하는 동안 북이스라엘 사람들은 사마리아를 중심으로 단이나 벧엘에 산당을 지어놓고, 그들만의 우상 제사를 통해서 종교적인 소외감을 달래고 있었다.

그렇게 사마리아 사람들은 같은 유대인이면서도 항상 종교적인 열등감에 사로잡혀 있었다. 이런 망국적인 지역감정과 편견은 이스라엘 백성들에게 있어서 영원히 풀 수 없는 굳어진 민족 정서였다.

그러나 누구든지 차별하지 않고 이 사람 저 사람 만나기를 좋아하는 필자는 정말 뜻밖에 한 사람을 만났다. 필자가 만난 이 사람은 사마리아 사람이었다. 그는 오랜 고생 끝에 자수성가를 이루어서 적어도 경제적으로는 남부럽지 않게 사는 사람이었다. 다만 사마리아 출신이라는 것 때문에 남쪽 유다 사람들에게 은근히 천대받는 것을 무척이나 불쾌하고 속상하게 생각한다고 했다.

그는 직업 특성상 예루살렘 출장이 잦아서 한 달에도 몇 번씩 사마리아와 예루살렘을 오가면서 사업을 하는 사람이었는데, 예루살렘에 갈 때마다 돈만 아는 자린고비처럼 취급받는 것에 대해서 참을 수 없이 화가 난다고 했다.

그날도 예루살렘으로 출장을 갔다가 사마리아로 돌아가는 길이었다고 했다. 그는 며칠 전에 한국산 SUV 차량을 사서 타고 다니고 있었다. 차 안에서는 아직도 새 차 냄새가 났고, 조용한 클래식 음악이 흐르고 있었다. 그의 차량은 그가 아끼는 재산 목록 1호 중의 하나였다.

통행하는 차량이 거의 없는 새벽 시간이라서 도로를 주행하는 차량은 무서운 속도로 달리고 있었다. 그 와중에 그는 전방에 차량이 전복된 것을 발견하고는 급하게 브레이크를 밟았다. 차를 세우고 밖으로 나가 보니, 도로 한쪽에는 사고 차량의 운전자로 보이는 중년 남성이 피를 흘리고 쓰러져 있었다. 아마 사고 차량에서 튕겨 나온 것으로 보였다.

그는 도움을 청하려고 지나가는 차들을 세워 보았지만, 아무도 멈추지 않고 쏜살같이 내달렸다. 사고를 수습하려다가 자칫 잘못하면 2차 사고가 날 수도 있는 위험한 상황이었다. 그러나 그는 죽어가는 사람을 외면할 수 없었다. 피해자는 아직 숨은 붙어 있었지만, 그냥 놔두면 과다 출혈과 저체온증으로 죽을 것이 뻔해 보였다.

그는 주저하지 않고 자기 양복을 벗어서 피해자에게 입혀서 체온을 유지해 주었다. 그리고 자기 와이셔츠를 찢어서 지혈해 주며, 상처를 싸매어 주었다. 그러고는 기도를 확보해 주면서 인공 호흡을 시행했다. 평소에 익혀 두었던 심폐소생술도 시도했다. 희미하게나마 의식이 회복되는 것을 확인한 그는 내비게이션을 쳐서 가장 가까운 곳에 있는 병원 응급실로 직접 후송까지 해 주었다. 그리고 주머니에 있던 돈을 다 털어서 그의 치료비를 해 주었다. 그뿐 아니라, 퇴원할 때까지의 모든 비용도 자기가 계산해 주겠다고 말했다.

얼마 지나지 않아서 그의 미담이 신문 기자들과 방송국 PD들에 의해서 전국에 알려졌다. 그 일로 이스라엘의 긴급 구조체계에 대한 문제가 도마 위에 올랐다. 그러나 그보다는 이번 일로 사마리아인에 대한 편견이 사라지게 될 것이라는 내용이 주를 이루고 있었다.

그는 자기 행동에 대해서 누구라도 그렇게 했을 것이라면서 자신은 당연한 일을 한 것뿐이라고 겸손하게 말했다. 다만 많은 차량이 지나갔음에도 누구 하나 피해자를 도와주어야 한다는 생각을 하지 못하는 현실이 안타까울 뿐이라고 말했다. 유대인들 사이에서도 자성의 목소리가 나오기 시작했다.

'하나님 앞에서 누가 의로운 사람인가?' '교통사고를 당한 피해자에게 누가 진정한 이웃인가?' '종교적인 양심과 현실에서의 실천 중에 어느 것이 더 바람직한가?' 등을 놓고서, 종교계와 학계를 중심으로 여러 가지 거친 목소리들이 터져 나왔다.

이 사건은 사마리아 출신이라는 이유만으로 멸시와 편견을 가졌던 이스라엘 사회에 큰 충격이 되었던 것은 물론, 종교인들의 잘못된 가르침에 대한 지적도 피할 수 없었다.

2부 새 시대를 바라본 사람들과의 만남

가나 혼인집의 하인들

예수님께서 제자들을 모집한다는 광고가 나간 뒤로 많은 취준생들이 예수님께 몰려 들었다. 하지만 예수님께서는 제자 모집을 조기에 마감하시고, 서둘러서 사역에 나서셨다. 제자 모집이 조기 마감되었다는 소식이 전해지고 나서 사흘째 되던 날에 갈릴리 가나 지역에서 내로라하는 부잣집 셋째딸의 결혼식이 있었다. 마지막 딸을 시집보내는 그 집에서는 손님이 많을 것으로 예상하고 음식을 넉넉하게 준비했다.

필자는 따로 청첩장은 받지는 않았지만, 한국에서 온 목사라는 신분 덕분에 잔치 자리에 들어갈 수 있었다. 아침부터 주변에 사는 많은 하객들이 자리를 가득 메우고 있었다. 동네잔치라서 예수님의 가족들도 참석했다. 눈에 익은 초대 가수들의 노래와 익살스러운 개그맨들의 구수한 입담이 이어지면서 잔치 분위기는 무르익어가고 있었다.

점심 때가 지나면서 줄어들 줄 알았던 손님들은 오히려 점점 늘어만 갔다. 소문을 듣고 지나가던 행인들까지 잔치 행렬에 끼어들면서 마당에 쳐놓은 천막도 모자랐다. 사람들은 삼삼오오 무리를 지어서 길가에 펴 놓은 탁자에 둘러앉아 게걸스럽게 음식을 먹고 있었다.

혼주로 보이는 영감님은 기분이 좋아서 오가는 행인들뿐 아니라, 거지들까지 다 초대해서 음식을 베풀었다. 그러다 보니 곤란하게 된 것은 잔치를 맡은 연회장이었다. 정해진 예산에 따라서 잔치를 치러야 하는 판에 준비된 음식이 동이 나게 되자, 연회장은 급하게 뷔페를 추가 주문했다. 그런데 문제는 포도주였다. 3년 전부터 담가두었던 포도주가 동이 나고 말았기 때문이었다.

주인 영감은 연회장에게 독촉해서 손님들에게 포도주를 대령하라고 다그쳤다. 그러나 이미 창고에는 빈 술통만 가득 차 있었다. 사람들은 여기저기서 포도주를 더 내오라며 소리를 쳤다. 당황한 연회장은 단골 주류업체에 전화를 걸어서 포도주를 떼 오려고 애를 썼다. 그런데 설상가상으로 마침 대학 신입생 오리엔테이션이 한창이었던 터라, 모 대학에서 8천 병이 넘는 포도주를 사 가는 바람에 잔치에 갖다 줄 포도주가 없다는 답변만 돌아왔다.

잔뜩 기대를 걸고 찾아왔던 손님들은 잔치 분위기가 엉망이라면서 투덜대기 시작했다. 주인 영감의 체면이 말이 아니었다. 잠자코 있던 예수님의 어머니 마리아가 예수님께 넌지시 부탁했다. 아마 마리아는 예수님의 능력이라면, 포도주쯤은 문제도 아닐 거라고 믿었던 모양이었다. 그런데 예수님께서는 어머니의 부탁을 받고서도 꼼짝도 하지 않으셨다. 오히려 어머니를 타박했다. 이런 사소한 일로 예수님의 능력을 사용한다는 것도 그랬겠지만, 더 중요한 것은 예수님의 능력을 보여줄 때가 아직 안 되었다는 것이었다. 필자 역시 예수님의 눈치만 보고 있었다. 왜냐하면, 당장 문제를 해결해 주실 분은 예수님밖에 없었기 때문이었다. 마리아는 이리저리 분주하게 뛰어다니는 하인들을 불러 모아 놓고는 이렇게 말했다.

"그저 아무 소리 말고, 예수님이 시키는 대로만 하세요! 그러면 문제가 다 해결될 거예요."

잔칫집 앞마당에는 손님들이 식사 전에 손을 씻을 수 있도록 물을 떠 놓았던 돌 항아리 여섯 개가 놓여 있었다. 얼핏 보기에도 두세 통은 넉넉하게 들어갈 만한 커다란 항아리들이었다. 드디어 예수님께서 하인들에게 명령하셨다.

"저 항아리 여섯 개에 물을 가득 채우시오!"

하인들은 무조건 예수님께서 시키는 대로 항아리 여섯에 아구까지 물을 가득 채웠다.

"이제는 떠서 연회장에게 갖다 주시오!"

하인들은 고개를 갸웃거리면서 머뭇거렸다. 그러자 하인 한 명이 소리쳤다.

"이것 봐! 예수 선생께서 물을 떠다가 연회장에게 갖다 주라고 하시잖아? 뭣들 하는 거야? 어서 예수 선생의 명령대로 물을 떠다가 연회장에게 가져다드리자고!"

　연회장은 영문도 모르고 하인들이 떠다 준 물로 된 포도주를 맛보더니 깜짝 놀랐다. 하인들 역시 놀라기는 마찬가지였다. 분명히 물을 떠다가 바쳤는데, 연회장의 손에 들리자마자 포도주로 변했기 때문이었다. 연회장은 어디서 이런 기가 막힌 포도주가 났느냐면서 하인들을 칭찬했다. 그러나 그것이 물이었다는 사실은 하인들만 알고 있었다. 연회장은 주인 영감을 불러서 감사의 인사를 전했다.
　"남들은 처음엔 좋은 포도주를 내놓다가 술에 취한 후에는 싸구려 포도주를 내놓는 법인데, 이 집은 오히려 나중 포도주가 처음 포도주보다 더 좋으니, 도대체 이게 어찌 된 일입니까?"

　그 바람에 죽을 쑬 뻔했던 잔칫집 분위기는 다시 살아나게 되었고, 덕분에 주인 영감의 체면도 회복되었다. 그날 일한 하인들은 하루짜리 아르바이트생들이 대부분이었다. 하인들은 대충 하루만 때우고 가면 그만이라고 생각했는데, 뜻밖에 이런 기적을 보게 된 것이 그저 신기하고 놀라울 뿐이었다. 하루하루 끼니를 걱정하면서 남의 집 허드렛일이나 해 주던 하인들은 잔치를 마치자마자 예수님을 따라나섰다. 평생을 바쳐도 아깝지 않을 그런 분을 만났다는 것이 그들이 예수님을 따라나선 이유였다. 그날 일어난 사건은 무식한 제자들과 하인들에게 예수님을 하나님의 아들로 믿게 만드신 예수님의 첫 번째 기적이었다.

순수하고 깨끗한 사람, 나다나엘

사람 중에는 겉과 속이 다른 사람들이 많다. 그런데도 사람들을 잘 분간할 수 없는 것이 안타까운 일이다. 아마 그것은 사람들이 가지고 있는 한계일 것이다. 그런데 사람들의 마음속을 예리하게 꿰뚫어 보시는 분이 계신다. 그분은 바로 예수 그리스도, 우리들의 주님이시다. 주님의 사역은 밤낮없이 바쁘셨다. 그러나 예수님의 인선(人選) 과정은 한 치의 오류도 없으셨다. 가룟 사람 유다의 경우까지도 예외로 볼 수 없다. 하나님의 섭리 하에 그분의 뜻을 이루시기 위한 철저한 계획에 의한 것이었기 때문이다.

예수님께서 그의 제자들을 부르시는 모습 중에 빼놓을 수 없는 것은 나다나엘을 부르신 사건이다. 나다나엘은 워낙 순수하고 거룩해서 스스로 경건과 학문을 게을리하지 않았던 인물이었다. 나다나엘이라는 이름의 뜻은 '하나님이 주셨다'이다. 어쩌면 나다나엘은 태어날 때부터 부모님들의 기도로 얻은 아들이었던 것 같다. 어렵게 얻은 아들이어서 나다나엘이라고 이름을 지었는지, 아니면 아들을 낳고 보니 하나님께서 아들을 주셨다는 영감을 받았는지는 알 수는 없지만, 그의 부모들은 아들의 이름을 '하나님이 주셨다'라는 신앙의 고백을 담아서 '나다나엘'이라고 이름을 지어 주었다.

보나 마나 나다나엘은 자기 이름의 뜻을 늘 기억하면서 자기 이름에 걸맞게 살려고 애를 썼을 것이다. 아니나 다를까, 나다나엘은 틈만 나면 무화과나무 그늘에 앉아서 율법서와 선지서를 읽으면서 하나님께서 이스라엘을 회복시켜 주시기만을 간절히 기도하고 있었다.

나다나엘에게는 빌립이라는 둘도 없는 친구가 있었다. 요한복음의 기록에 의하면, 빌립은 베드로와 안드레에 이어서 예수님의 세 번째 제자로 부르심을 받은 사람이다. 베드로와 안드레 두 형제와 같은 동네인 벳새다 사람이었던 빌립은 "나를 따르라!"라는 예수님의 말씀 한마디에 마치 자석에 끌려가듯이 예수님을 따라나섰고, 그렇게 예수님의 제자가 되었다. 빌립은 예수님의 제자가 된 이후에 늘 마음에 걸리는 친구가 있었다. 바로 나다나엘이었다. 빌립은 예수님을 만나고 보니, 그분이 율법과 선지자들의 기록에 예언된 메시아라는 사실을 한눈에 알아보게 되었다.

빌립은 당장 자기 친구 나다나엘의 집으로 달려갔다. 그러나 아무리 친한 친구라 할지라도 신앙까지 마음대로 할 수는 없었다. 열심히 설득하고 설명을 해도 나다나엘은 꿈쩍도 하지 않았다. 예수님이 갈릴리 나사렛 사람이라는 빌립의 말을 들은 나다나엘은 '나사렛에서 무슨 선한 것이 나겠느냐?'면서 눈도 끔쩍하지 않았다. 시골 동네에서 무슨 변변한 선지자나 지도자가 나올 수 있느냐는 거였다. 나다나엘은 다윗의 고향 베들레헴에서 메시아가 탄생하실 것이라는 미가 선지자의 예언을 이미 알고 있었기에, 나사렛 사람 예수에 대해서는 아예 관심이 없었던 것이었다.

빌립은 기가 막혔지만, 할 말이 없었다. 참다못한 빌립이 답답하다는 듯이 가슴을 치면서 말했다.
"정 그렇게 못 믿겠거든, 네가 직접 와서 보면 될 거 아니야? 와서 보라고!"
나다나엘은 귀찮았지만, 친구의 성의를 봐서 빌립을 따라나섰다. 예수님께서는 나다나엘이 당신께로 오는 것을 보시더니, 주위에 둘러앉은 사람들에게 나다나엘에 대해서 말씀하셨다.
"이 사람을 보라! 이 사람은 진짜배기 이스라엘 사람이로다! 이 사람 속에는 간사한 것이 없도다!"
나다나엘은 깜짝 놀랐다.
"어떻게 나를 아시는 거죠?"
"빌립이 너를 부르기 전에 네가 무화과나무 아래에 있을 때 보았노라."
나다나엘은 예수님의 말씀에 무너지고 말았다.
"랍비(선생님)여! 과연 당신은 하나님의 아들이십니다. 그리고 당신은 이스라엘의 임금님이십니다!"

빌립은 친구 나다나엘의 고백에 감격해서 눈물을 흘렸다. 예수님께서 말씀하셨다.

"내가 너를 무화과나무 아래에서 보았다는 것 때문에 나를 믿는 거냐? 이보다 더 큰 일을 보게 될 것이다."

그러시면서 거기에 모인 무리에게 말씀하셨다.

"진실로 진실로 너희에게 이르노니, 하늘이 열리고 하나님의 사자들이 인자 위에 오르락내리락하는 것을 보리라!"

예수님의 말씀에 나다나엘은 고개를 숙였다. 누구보다 말씀에 익숙했고, 기도 생활도 더 많이 한다고 자부했던 자기 모습이 예수님 앞에선 얼마나 하찮고 부질없는 자랑거리였는지 새삼 깨닫게 되었다.

사실 나다나엘은 이스라엘의 수도인 예루살렘과 같은 대도시에서 공부한 적도 없었다. 더구나 제사장들이나 백성들의 장로들 그룹에 끼어서 행세할 정도로 기득권층의 사람도 아니었다. 그렇다 보니 누구 하나 자신을 알아주는 사람이 없었다. 그런데 예수님께서는 나다나엘의 인간성과 인물 됨됨이를 한눈에 알아보시고, 칭찬을 아끼지 않으셨다. '칭찬은 고래도 춤을 추게 한다'라는 말처럼 예수님께 인정받고 칭찬까지 받은 나다나엘은 그 이후 자신의 삶을 온전히 예수님께 바치게 되었다.

혹자는 나다나엘이 매우 단순한 사람일 거라고 말을 하지만, 필자의 생각은 다르다. 인간은 누구든지 자기를 알아주는 사람에게 충성을 다하게 마련이다. 나를 알아주시고 인정해 주시는 예수님, 그래서 그분이 나의 구주가 되시는 것이다.

음행 중에 잡혀 온 여자

　하루의 사역이 끝나고 나면, 감람산으로 올라가셔서 기도하시며 쉬시는 것이 예수님의 중요한 일과 중의 하나였다. 그런데 그날은 예수님께서 밤새 잠을 한숨도 못 주무시고 기도하시다가 다시 예루살렘 성전으로 들어오셨다. 하나님의 아들로서 하나님의 본체인 예수님이시지만, 언제나 성령의 충만함으로 당신의 사역을 감당하시는 예수님이셨기에 이른 아침부터 성전을 가득 메운 사람들을 보시고는 또다시 그들 앞에 서셔서 힘 있게 말씀을 가르치기 시작하셨다.

　주님께서 전해주시는 진리의 말씀, 생명의 말씀은 듣는 이들로 하여금 영생에 이르는 은혜가 되었기 때문에 사람들은 예수님의 말씀을 듣기 위해서 꾸역꾸역 모여들었다. 그러니 예수님께서는 잠시도 쉴 틈이 없으셨다.

　필자는 자리다툼 하기 싫어서 아예 성전에서 밤을 지새우면서 기다리다가 성전 맨 앞에 자리를 잡고 앉았다. 모든 사람들이 예수님의 말씀에 깊이 빠져들고 있을 때였다. 갑자기 덜컹 소리와 함께 성전 문이 활짝 열렸다. 서기관들과 바리새인들이 여인 하나를 질질 끌고 들어오는 모습이 보였다. 순간 고요했던 성전 안은 술렁거리기 시작했다. 이내 고함과 함께 여인의 비명으로 졸지에 성전 안은 난장판이 되고 말았다.

23년 전 필자가 지리산 자락에 있는 칠정교회에서 목회를 시작할 때였다. 한참 설교하는 도중에 갑자기 젊은 성도 하나가 벌떡 일어서더니, 허공을 향해서 버럭 소리를 지르면서 강대상 앞으로 뛰어나와 마이크 스탠드를 휘두르면서 행패를 부린 적이 있었다. 그는 조현병(Schizophrenia) 환자였다. 예배 때마다 그의 돌출적인 행동으로 예배가 엉망이 된 적이 한두 번이 아니었다. 그가 일으키는 소란으로 예배는 늘 엉망이 되고 말았다.

필자는 또 그런 일이 발생했다는 생각에 걱정이 앞섰다. 은혜를 사모하며 예수님의 말씀에 귀를 기울이고 있었던 사람들은 서기관들과 바리새인들이 무례하게 성전으로 난입해서 예배를 방해한 것에 대해서 분노와 함께 두려움에 사로잡혀 있었다.

필자도 사태를 진정시켜 보려고 애를 써 보았지만, 서기관들과 바리새인들의 행동은 거칠기만 했다. 그들에게 끌려온 여인은 만신창이가 되어 있었다. 옷은 찢어지고 머리카락은 산발이 되어 있었다. 얼굴과 온몸은 두들겨 맞아서 피투성이가 되어 있었고, 멍 자국이 선명했다. 서기관들과 바리새인들은 성전 한가운데로 여인을 끌고 나와서 씩씩거리며 말했다.

"예수 선생! 이 여자가 간음하는 걸 현장에서 붙잡았소이다. 모세의 율법에 따르면 간음한 여자는 돌로 치라고 명령했는데, 노상 사랑 타령이나 하시는 예수 선생께서는 어찌하시겠소?"

그들은 마치 예수님을 시험이라도 하듯이 여인의 머리채를 잡아채고는 예수님이 서 계신 곳까지 질질 끌고 나왔다. 여인은 새파랗게 질려 있었다. 유대인의 율법에는 엄연히 간음죄를 엄하게 다스리라고 되어 있었기 때문에 군중들에 의해서 돌에 맞아 죽을 수밖에 없는 상황이었다.

예수님께서는 아무 말씀도 하지 않으시고 서기관들과 바리새인들이 서 있는 곳으로 내려오시더니, 몸을 굽혀서 손가락으로 성전 땅바닥에 뭐라고 쓰기 시작하셨다. 순간 술렁이던 분위기는 찬 물을 끼얹은 듯이 조용해졌다. 얼핏 보니까 히브리어인 것 같기도 하고 아람어인 것 같기도 했는데, 뭐라고 쓰셨는지 필자는 도통 알 수가 없었다. 그런데 그 자리에 모여 있던 서기관들과 바리새인들은 예수님께서 성전 바닥에 쓰신 그 글씨를 보더니, 서로 눈치만 살피면서 감히 누구 하나 예수님께 여쭙는 사람이 없었다.

침묵은 오래 가지 않았다. 손가락으로 바닥에 글씨를 쓰시던 예수님께서 일어나시더니 입을 열어서 이렇게 말씀하셨다.

"너희 중에 죄 없는 자가 먼저 돌로 쳐라!"

그 말씀을 하시고는 다시 몸을 굽혀서 손가락으로 또 땅에 글씨를 쓰기 시작하셨다.

필자의 느낌으로는 여인을 끌고 온 서기관들과 바리새인들로부터 시작해서 거기 모여 있는 사람들의 이름을 하나하나 써 내려가는 것처럼 보였지만, 그건 필자의 추측일 뿐이었다. 지금까지도 그 때 예수님께서 땅에 쓰신 글들의 내용이 무엇이었는지는 밝혀지지 않고 있다.

어쨌든 예수님의 말씀을 듣고 양심의 가책을 받은 사람들은 서로 눈치를 보면서 어른들로 시작해서 젊은이들까지 하나씩 하나씩 슬금슬금 뒷걸음을 치더니 다들 꽁지가 빠지게 도망을 가고 말았다. 컴컴한 성전 안에는 여인과 예수님만 남게 되었다. 예수님께서 말씀하셨다.

"여자여, 너를 고발하던 그들이 어디 있느냐? 너를 정죄한 자가 없느냐?"

여인이 대답했다.

"주여, 없나이다."

그러자 예수님께서 무겁게 한마디 말씀을 하셨다.

"나도 너를 정죄하지 아니하노라! 그러니 너는 가서, 다시는 죄를 범하지 말라!"

필자는 안도의 한숨을 내쉬었다. 율법에 명시되어 있는 하나님의 공의도 이루시고, 당신께서 선포하신 사랑과 용서와 화평의 복음도 이루신 우리 예수님이 너무나 고맙고 자랑스러웠다. 여인은 땅바닥에 엎드려서 예수님의 발에 입을 맞추며 울고 있었다. 텅 빈 성전 안에는 여인의 흐느낌이 고요하게 흐르고 있었다. 여인의 울음소리는 필자가 들었던 그 어떤 찬양보다 아름다웠다. 십 년 묵은 체증이 한꺼번에 내려가는 것 같았다.

3부
고침을 받은 사람들과의 만남

3-1　회당장 야이로의 딸	186
3-2　믿음으로 구원받은 여인	191
3-3　믿음의 눈까지 뜨게 된 사람	196
3-4　믿음의 친구들	201
3-5　백부장의 믿음	206
3-6　감사로 구원받은 사람	211
3-7　은혜를 갚은 베드로의 장모	216
3-8　수로보니게 여인	221
3-9　아들 바보였던 왕의 신하	226
3-10　'자비의 집'에서 만난 사람	231
3-11　복합 장애를 해결 받은 사람	235
3-12　기적보다는 하나님께 영광을	240
3-13　큰 은혜를 입은 막달라 마리아	244

3부 고침을 받은 사람들과의 만남

 행복권을 추구할 권리는 누구에게나 있다. 그러나 행복하고 싶어도 행복하지 못한 사람들이 많이 있다. 그중에 각종 질병이나 장애 때문에 건강을 잃은 사람들이 겪는 불행은 이루 말할 수 없다. 질병의 종류도 다양하다. 육체적인 질병과 정신적인 질병, 그리고 영적인 질병까지 여러 형태로 인간의 행복을 빼앗아 가는 질병 문제는 예나 지금이나 여전하다. 오늘날엔 의료 기술이 많이 발전했다고는 하지만, 그래도 여전히 고칠 수 없는 불치의 병으로 고생하는 환우들이 많이 있다. 그렇다고 한다면, 병이 들어도 치료 기술이 변변치 않았던 과거에는 오죽했을까?

 장애인도 마찬가지다. 장애인에 대한 배려가 전혀 없었던 그 시절, 장애인이 겪어야 하는 어려움은 단순한 생활의 불편뿐이 아니었을 것이다. 사회적인 편견이나 차별, 율법적인 잣대로 들이대는 정죄에 이르기까지 장애인들이 가진 서러움은 이루 말할 수도 없었을 것이다.

3부에서는 질병으로 고생하던 사람들이 예수님을 만나서 고침을 받은 사건들을 모아 보았다. 그들이 고침을 받은 것은 당연히 예수님의 능력 때문이었다. 그러나 그 배후에는 병든 자들을 불쌍히 여기신 예수님의 긍휼하심이 있었다는 것을 알 수 있다. 그리고 병을 낫고자 하는 간절함과 병을 고쳐주실 것을 믿는 믿음, 더 나아가서는 병을 고쳐주실 것을 믿고 미리 감사하는 성숙한 믿음이 예수님의 치유 사건을 가능케 한 근간이 되었다. 3부의 내용을 읽어 보면, 예수님의 치유 사건을 돋보이게 한 그들의 태도가 보석처럼 박혀 있다.

예수님의 치유 사건은 단순히 병 고침 뿐 아니라, 생명과 참 평안에 관한 문제였다. 어차피 인간은 누구나 한번은 다 죽게 되어 있다. 그러나 고칠 수 없는 중병 가운데에서라도 참 평안과 참된 생명을 누릴 수만 있다면, 그 사람은 이미 질병에서 놓임을 받은 것이나 마찬가지다. 물론 예수님께서는 질병의 근원까지 다 고치셨지만, 지금도 불치의 병으로 불안해하는 사람들이 있다면, 둘 중의 하나만 선택하면 된다.

가장 좋은 방법은 기적처럼 병이 낫는 것이겠지만, 또 하나의 방법은 병과는 상관없이 내 마음이 기쁘고 평안하면 이미 병은 나은 거나 마찬가지다. 병은 결국 사람을 죽게 만들지만, 질병에서 고침을 받은 사람은 죽음이 아닌 생명을 얻었기 때문에 이미 병에서 해방되었다고 보는 것이 맞다.

세상에 심각하지 않은 병은 없다. 다만, 병보다 더 심각한 것은 절망이다. 쇠렌 키르케고르는 절망을 '죽음에 이르는 병'이라고 하지 않았던가? 절망하는 사람은 병이 없어도 이미 죽은 사람이라고 말해도 과언이 아니다. 그러나 심각한 질병을 앓는 사람이라 할지라도 소망을 가지고 기쁘게 사는 사람이라면, 그 사람은 이미 영원한 생명과 평안을 누리는 사람일 것이다.

"네가 낫고자 하느냐?"라는 예수님의 질문은 '네가 낫겠다는 믿음이 있느냐? 소망이 있느냐? 절망하지 않고 희망을 품고 있느냐?'라는 말씀이다. 질병을 원하는 사람은 없다. 그러나 부지 중에 생긴 질병을 퇴치하고, 새로운 생명으로 건강을 회복하는 것은 예수님의 능력과 본인의 의지로 가능하다는 것이다.

성경의 치유 사건은 단순한 미담이 아니다. 절체절명의 순간에 한 가닥 소망을 가진 사람들이 건져 올린 희망의 메시지이다. 병에서 고침을 받은 사건이 한 마디의 설교보다 더 뜨거운 감동을 주는 것은 어찌 보면 당연한 일인지도 모른다. 병 때문에 죽는 사람이 있고, 병 때문에 한 사람의 인생이 바뀌는 일도 있다.

그렇게 3부에서는 병에서 고침을 받고 새로운 인생을 살게 된 사람들의 이야기를 풀어 놓았다. 이제, 예수님께 치유를 받은 이야기가 우리들의 이야기가 되기를 바라는 마음으로 3부의 문을 열어 보자!

3부 고침 받은 사람들과의 만남

회당장 야이로의 딸

성경을 펼쳐서 읽다 보면, 많은 사람들을 만나게 된다. 어떤 사람들은 필자를 붙들고 이런저런 질문을 하는가 하면, 자기 나름대로 고민을 상담해 달라는 사람들도 있어서 성경을 줄줄 읽어나가기가 쉽지 않다. 게 중에는 예수님을 만나서 새사람이 된 것에 대한 감사와 간증으로 시간 가는 줄 모르고, 이야기꽃을 피우는 사람들도 있다. 그중에 한 사람이 바로 회당장 야이로라는 분이다.

이분은 어려서부터 율법에 능통한 사람이었다. 그는 젊은 나이에 순위 고사에 합격을 해서 '랍비'(선생)가 되었고, 동기들보다 빨리 회당장이 되었다. 줄곧 회당에서 생활하는 야이로에게는 큰 욕심도 없었고, 남들처럼 정치적인 야망도 없는 순수한 학구파였다. 사람들은 회당장 야이로를 존경했으며, 그의 삶을 본받고 싶어 하는 사람들이 많았다. 야이로는 그 정도로 경건하고 반듯한 삶을 사는 사람이었다. 그러다 보니, 부인에게서는 가끔 가정에 소홀하다는 핀잔을 듣기도 했다. 대부분 남자가 그렇듯이 자기가 맡은 일을 우선으로 하다 보면, 본의 아니게 가족과 함께 보내는 시간이 줄어들 수밖에 없는 것이 사실이다.

그래도 야이로는 회당에서 퇴근하고 나면, 바로 집으로 돌아와서 하나밖에 없는 늦둥이 딸아이와 시간을 보내는 것이 가장 큰 행복이었다. 야이로의 딸은 유난히 재롱이 많았다. 누구의 피를 타고났는지, 어려서부터 총명한 딸은 아빠의 사랑을 독차지하고 있었다. 회당장 야이로의 딸은 열두 살 나이라고는 믿어지지 않을 만큼 조숙해서 벌써부터 혼사 이야기가 오갈 정도로 남들의 눈에도 쉽게 띄는 아이였다.

그런데 야이로에게는 남들에게 말하지 못하는 고민이 생겼다. 야이로의 딸이 초경을 막 시작하던 지지난해부터 가끔 머리가 아프다는 말을 자주 하더니, 작년부터는 얼굴에 혈색도 없어지고 졸린다고 하면서 틈만 나면 자꾸 잠만 자는 것이었다. 야이로는 성장통(成長痛)이거나 아니면 빈혈이겠거니 하고 그냥 넘겨왔는데, 아이의 병색은 점점 짙어지기 시작했다.

동네 의원에서도 별다른 병명을 찾아내지 못하고, 고개만 갸웃거리면서 푹푹 한숨만 내쉬었다. 그때마다 야이로는 신경이 날카로워지면서, 밝고 따뜻했던 집안 분위기도 점점 어두워지기 시작했다. 야이로는 안식일마다 회당에 모인 유대인들에게 딸을 위한 중보기도를 요청했지만, 병세는 호전되지 않았다.

마침 예수님께서 거라사 지방으로 가셨다가 가버나움으로 돌아오신다는 소식을 전해 들은 야이로는 마지막 희망을 걸고 예수님께 딸의 병을 고쳐주실 것을 부탁드리기로 했다. 야이로는 더 지체할 수가 없어서 예수님이 오신다는 길목으로 마중을 나갔다. 역시 예수님께서는 야이로의 부탁을 거절하지 않으셨다.

예수님을 모시고 집으로 향하는 야이로의 발걸음은 바쁘기만 했다. 그런데 집으로 가는 도중에 군중에 둘러싸이신 예수님께서 문득 가시던 발걸음을 멈추시고 물으셨다.

"누가 내 몸에 손을 대었느냐?"

주변에 있던 사람들은 예수님의 질문에 어리둥절했다. 수백 명의 사람들이 서로 밀고 밀치면서 예수님의 가시는 길을 따라나서는 상황이라서 누가 예수님께 손을 댔는지 알 재간이 없었기 때문이었다. 그러나 예수님께서는 당신의 몸에서 능력이 나가는 것을 느끼셨다고 하시면서, "내게 손을 댄 자가 누구냐?"라고 재차 물으셨다.

그러자 한 여인이 나와서 예수님께 무릎을 꿇었다.

"예수님 죄송합니다. 저는 열두 해 동안이나 혈루병으로 고생하던 여인이었습니다. 그런데 예수님께 손만 대면, 내 병이 나을 거라는 확신이 생겨서 나도 모르게 그랬습니다. 죄송합니다. 그런데 신기하게도 제 몸의 병이 다 나았습니다."

연신 죄송하다면서 고개를 숙인 여인은 거듭 예수님께 감사의 인사를 드렸다.

야이로의 마음은 바쁘기만 했다. 그런데 그렇게 시간이 지체되는 동안 야이로의 집에서 전갈이 왔다. 야이로의 딸이 죽었다는 것이었다. 야이로는 하늘이 캄캄해지는 것 같았다. 그리고 그 여인 때문에 길에서 시간을 다 허비해 버리신 예수님이 한없이 야속하기만 했다. 그런데 예수님께서는 야이로를 다독이시면서 말씀하셨다.

"두려워 말고, 믿기만 하라!"

발걸음을 재촉해서 야이로의 집에 도착해서 보니, 사람들이 울고불고 난리가 나 있었다. 예수님께서는 아무렇지도 않게 말씀하셨다.

"울지 말라! 이 아이는 죽은 것이 아니라, 잔다."

예수님의 말씀을 들은 동네 사람들은 모두 서로를 바라보면서 어이가 없다는 식으로 예수님을 비웃었다. 예수님께서는 아이의 손을 잡고 일으키시며, 아람어(語)로 명령하셨다.

"달리다쿰"

달리다쿰은 '소녀야, 일어나라!'라는 뜻이다. 그러자 놀라운 일이 벌어졌다. 죽었던 아이가 눈을 부스스 뜨면서, 말없이 일어나는 것이 아닌가? 예수님께서는 소녀에게 먹을 것을 갖다주라고 말씀하셨다. 예수님의 말씀을 따라서 종들이 아이에게 먹을 것을 가져다주었더니, 아이가 정신없이 밥을 먹기 시작했다.

야이로는 필자에게 이 놀라운 사실을 꼭 책에 써 달라고 신신당부했다. 그리고 어떠한 일이 있어도 놀라지 말고 믿기만 하면, 기적이 일어난다는 말도 빼놓지 않았다. 필자의 손을 꼭 잡은 야이로의 눈에는 눈물이 그렁그렁 맺혀 있었다.

믿음으로 구원받은 여인

 배를 타고 갈릴리 호수를 건너서 거라사 지방으로 가셨던 예수님의 일행이 돌아오신다는 소문이 퍼지면서 벌써부터 사람들은 동네 어귀로 모여들기 시작했다. 예수님께서 병든 자나 귀신에 들린 자를 고쳐주셔서 온전하게 하신다는 입소문이 퍼지면서 예수님의 일행이 가는 곳마다 온갖 병으로 고생하는 사람들이 발 디딜 틈도 없이 빼곡하게 차 있는 것은 이제 더 이상 낯선 풍경이 아니었다.

 그날도 많은 병자들이 모여들어서 예수님께서 병을 고쳐주시기만을 간절히 기다리고 있었다. 역시 그곳에도 힘을 꽤 쓰는 지역 유지들이나 남정네들이 예수님이 오시는 길목 제일 좋은 곳에 자리를 잡고 앉아있었다. 그들 중에는 그 지역 회당을 맡고 있는 회당장 야이로 선생께서 제일 앞자리에 나와 있었다. 집에서 죽어가고 있는 자기 딸을 살리기 위해서 예수님이 오시면 바로 모시고 가기 위해서였다.

 사람들은 슬금슬금 눈치를 보면서 모두 회당장 야이로 선생의 뒤로 줄을 섰다. 필자는 목사라는 신분 때문에 예수님과는 그럭저럭 잘 알고 지내던 터라, 예수님께서 오시기 전에 무리를 정돈시켜 드려야겠다는 생각으로 열심히 번호표를 만들어서 나누어 주면서 사람들이 질서 있게 예수님을 만나 뵐 수 있도록 교육하고 있었다.

어떤 사람들은 필자를 한국에서 온 여행 가이드로 생각하는 사람들도 있었다. '크리스천경남' 신문에 '시인이 만난 사람들'을 연재하면서 유대 땅을 자주 들락거렸기 때문이었다. 안면이 있는 사람들은 필자가 예수님과 특별한 친분이 있다는 것을 알고는 줄을 대려는 사람들도 있었다. 그러나 사사로운 일로 '조한우 게이트'니 뭐니 하는 소리를 듣기 싫어서 엄격하게 병세의 경중을 따져서 줄을 세웠다.

대부분 사람들은 예수님이 누구신지에 대해서는 관심도 없었다. 일단 병만 고쳐주면 그만이라는 생각으로 와글와글 떠들어대고 있었다.

그때 어기적어기적 걸어오는 여인이 있었다. 걸음걸이만 봐도 어딘가 매우 불편해 보였다. 얼굴엔 핏기가 하나도 없이 창백했다. 어디선지 역겨운 냄새까지 진동하는 걸 봐서 심한 피부 질환이거나 속병을 앓는 여인이라고 생각했다. 그 여인은 전에도 예수님께 병을 고치러 왔다가 하도 사람들이 많이 밀려온 바람에 허탕을 치고 맥이 빠져서 돌아갔던 여인이었다.

필자는 병원에서 접수하는 사람처럼 그 여인에게도 간단한 문진을 했다. 그러자 그 여인은 그냥 손을 저으며, 아니라고 했다. 필자는 아프지도 않은 사람이 뭣 하러 만날 예수님을 만나러 오는 거냐고 야단을 치면서 저 뒤로 가 서있으라고 했다. 그러자 여인은 그때야 조심스럽게 입을 열었다. 그 여인은 아주 믿음이 좋은 유대교 신자라고 말했다.

그런데 유대인들은 나병환자나 유출 병 환자들은 하나님께 저주받은 사람이라고 생각하기 때문에 하나님 앞에 나가서 예배도 드리지 못한 지가 벌써 12년이나 되었다고 했다. 얼핏 보기에 나환자 같아 보이진 않아서 어디가 불편한지 다시 물어보았다. 여인은 한숨을 내쉬면서 기어들어 가는 목소리로 말했다.

"저는요, 하혈이 몹시 심하답니다. 처음에는 갱년기 증상인가 싶었는데, 12년 동안 하루도 빠지지 않고 하혈을 해서 이젠 기운도 없고, 제대로 씻지도 못해서 냄새도 몹시 심하고, 이젠 정말 죽고만 싶어요!"

여인과 이야기를 나누는 동안 언제 오셨는지 예수님께서는 회당장 야이로의 안내를 받으시며 야이로의 집으로 가고 계셨다.

여인은 필자와 이야기를 나누다 말고 사람들을 비집고서 예수님이 계시는 곳으로 미친 듯이 달려갔다. 필자가 미리 정해준 순서나 번호표도 다 소용이 없었다. 여인은 저만치 걸어가고 계시는 예수님께로 달려가더니 손을 뻗어서 예수님의 옷자락에 손을 댔다. 불과 0.1초나 되었을까? 수많은 사람들이 밀쳐대는 틈바구니에서 여인은 간신히 예수님의 옷자락에 손을 대었는데, 놀라운 일이 벌어졌다. 12년 동안 앓았던 혈루병이 나아서 하혈이 멎은 것이었다. 예수님께서는 어떻게 아셨는지 길을 가시다 말고 뒤를 돌아보시며 이렇게 말씀하셨다.

"누가 내 옷에 손을 대었느냐?"

여인은 죄송해서 사색이 되어 있었고, 제자들은 이렇게 많은 사람들이 밀쳐대는데 누가 손을 댔겠느냐고 예수님께 말씀을 드렸다. 하지만 예수님께서는 당신의 몸에서 능력이 나가는 것을 아셨다고 말씀하셨다. 그 여인은 예수님께 기도를 받는 것까지는 기대도 하지 않았던 모양이었다. 다만 예수님의 옷자락에 손만 대어도 병이 낫겠다는 믿음으로 예수님의 옷자락에 손을 댔던 것뿐이었다면서 겁에 질려서 눈물을 흘리고 있었다.

빨리 가시자고 재촉하는 야이로 선생을 뒤로하고, 예수님께서 여인에게 말씀하셨다.

"딸아, 네 믿음이 너를 구원하였으니 평안히 가라!"

예수님의 인자하신 눈빛과 목소리에 오금이 저렸다. 예수님께 나와서 병만 고치면 그만이라고 생각했던 사람들은 예수님께서 선포하신 '구원'에 대해서는 아무 관심도 없었다. 그런데 그 여인은 예수님이 떠나신 후에도 그 자리에 주저앉아 펑펑 울고 있었다. 12년 동안이나 천대받고 고생했던 시간이 여인의 눈물과 함께 흘러내렸다. 한 번도 평안하지 못했던 그 여인은 예수님의 한마디 말씀에 평안을 얻게 된 것이었다.

믿음의 눈까지 뜨게 된 사람

　오감을 가지고 산다는 것이 얼마나 행복한 일인지 모른다. 그런데 안타깝게도 장애를 가지고 살아야 하는 사람들이 많다. 그들이 겪는 고통과 불편은 이루 말할 수 없다. 게다가 2천 년 전 유대인들은 장애인을 대하는 태도가 지금과는 사뭇 달라서 장애를 죄의 결과로 몰기까지 했다. 그래서 장애인들은 이중 삼중의 고통을 겪게 마련이었다. 필자는 장애를 딛고 성공한 사람이 아니라, 아예 장애에서 해방된 사람을 소개하고자 한다.

　이 사람은 날 때부터 시각장애를 가지고 태어나서 한 번도 빛을 보지 못한 사람이었다. 그러다 보니, 그는 사람들의 통행이 빈번한 거리에 나와 앉아서 구걸하는 일밖에 할 수 있는 일이 없었다. 그는 어려서부터 그곳에서 구걸하고 있었기 때문에 사람들은 그를 너무나 잘 알고 있었다. 다행히 그는 노래를 잘 불러서 지나다니는 사람들에게 노래를 불러주면서 근근이 생활을 이어가고 있었다. 그러나 사람들은 그에게 동전 한 닢 던져주는 것이 고작이었다. 누구도 그를 진정으로 도와 줄 사람은 아무도 없었다. 사람들은 그를 볼 때마다 혀를 끌끌 찼다.

"어쩌다가 저렇게 태어났을꼬? 자기 죄 때문일까? 아니면, 조상의 죄 때문일까?"

그런 소리를 들을 때마다 그는 속이 무척 상했다.

'나는 태어나면서부터 시각장애인이었는데, 그게 왜 내 잘못이란 말인가? 조상들의 죄 때문이라고 해도 내가 왜 평생토록 조상들의 죄를 뒤집어쓰고 살아야 한단 말인가?'

정작 그의 고통은 앞을 못 보는 그것뿐 아니라, 사람들의 편견과 몰이해가 더 컸다. 장애가 죄 때문이라니? 도저히 받아들일 수 없는 노릇이었다.

그때 예수님이 그 앞을 지나가고 계셨다. 사람들은 예수님께 똑같은 질문을 해서 그의 가슴에 또 한 번 못을 박았다. 그가 시각장애인이 된 것이 그의 죄 때문인지, 부모의 죄 때문인지를 예수님께 질문한 것이다. 그런데 예수님께서는 뜻밖의 말씀을 하셨다. 그가 시각장애인이 된 것은 그의 잘못 때문도 아니고, 그 부모의 죄 때문도 아니라고 말씀하셨다. 그에게서 하나님의 하시는 일을 나타내시기 위해서 그가 시각장애를 가지고 태어난 것일 뿐이라고 말씀하셨다.

예수님의 말씀을 들은 그는 눈물을 흘렸다.

'하나님의 하시는 일이 무엇이기에, 어떻게 나에게서 하나님의 하시는 일을 나타내신단 말인가?'

예수님께서는 땅에 침을 뱉어서 진흙을 이겨 그의 눈에 발라주셨다. 그리고 말씀하셨다.

"실로암에 가서 씻어라!"

'실로암'은 보냄을 받았다는 뜻을 가진 연못이었다. 그는 자기도 알 수 없는 힘에 이끌려서 실로암 연못으로 가서 눈을 씻었다. 그런데 이게 웬일인가? 한순간에 광명천지를 보게 된 것이었다. 그는 너무나도 기뻐서 겅둥겅둥 뛰면서 소리를 지르며 거리를 뛰어다녔다.

평생을 거지로 살던 시각장애인이 눈을 뜬 것을 본 사람들은 모두 깜짝 놀라서 서로 물었다.

"저 사람이 요한의 집 점방 앞에서 구걸하던 그 거지가 맞소?"

"글씨유? 그런 것 같기는 헌디유, 설마 그럴 리가 있남유?"

사람들이 긴가민가해서 어리둥절하고 있을 때 그가 소리쳤다.

"내가 바로 그 사람이오! 내가 바로 요한 아저씨 집 앞에서 구걸하던 그 시각장애인이란 말이오!"

그의 말을 들은 사람들은 말도 안 되는 현실 앞에서 모두 깜짝 놀랐다. 사람들은 그를 바리새인 지도자들에게 끌고 가서 사태의 심각성을 설명했다.

그들은 더 자세한 진술을 듣기 위해서 그의 부모를 불러왔다. 그러나 그의 부모들은 눈을 뜬 아들에 대해서 아무 말도 하지 못했다. 이미 그 애도 다 성장한 성인이 되었으니, 그에게 직접 물어보라는 말만 남기고는 도망치듯 자리를 피했다. 괜히 말을 잘못했다가는 유대교에서 출교당할까 봐 두려웠기 때문이었다. 유대교에서 출교당한다는 것은 경제생활은 물론이고, 사회 공동체에서 추방되는 것을 의미하는 것이었다.

그러나 그는 자기의 눈을 뜨게 해 주신 예수 선생에 대해서 아주 분명하게 말했다.

"내가 보니, 그는 선지자입니다. 그분은 우리와는 전혀 다른 권능을 가지신 분이셨습니다. 죄를 가진 인간이 어찌 그런 권능을 행할 수 있겠습니까? 나는 태어나서 세상에 시각장애인이 멀쩡하게 눈을 떴다는 얘기를 들어본 적이 없소이다! 그러니 내 눈을 뜨게 해 주신 그 분이야말로 하나님으로부터 오신 분이 아니겠습니까?"

그는 확신을 가지고 있었다. 그는 육신의 눈만 뜬 것이 아니라, 자기의 구원자가 되시는 예수님에 대한 영적인 눈까지 뜨게 된 것이었다. 그는 예수님을 찾아갔다. 예수님께서는 그를 대견하게 바라보시면서 말씀하셨다.

"네가 인자(나)를 믿느냐?"

그는 주저하지 않고 대답했다.

"주여, 믿나이다!"

필자는 그를 붙들고 다시 물어봤다.

"정말 예수님을 믿으시나요?"

그의 대답은 한결같았다.

"세상에는 눈을 뜨고서도 믿지 못하는 사람들이 얼마나 많은지 모릅니다. 그러나 우리 예수님께서는 나 같은 시각장애인을 불쌍히 여겨 주셔서 내 눈을 뜨게 해 주셨습니다. 육체의 눈만 뜨게 해 주신 것이 아니라, 내 영혼의 눈까지도 뜨게 해 주셨습니다. 그러니 내가 주님을 믿지 않을 수 있겠습니까?"

그의 눈에서 감격의 눈물이 흘렀다. 오랜만에 나도 같이 울었다.

믿음의 친구들

가버나움 동네에 살랑살랑 봄바람이 불고 있을 때였다. 겨우내 추위에 떨던 동네 아이들도 모처럼 따뜻한 봄 날씨에 골목길로 뛰쳐나와 재잘거리고 있었다. 사내아이들은 자치기를 하면서 멀리 날아가는 새끼 자를 따라 달음박질했다. 여자아이들은 담벼락을 등에 지고 공기놀이에 시간 가는 줄 모르고 있었다.

그런데 골목 안쪽 오래된 낡은 집 컴컴한 방구석에는 누워서 천장만 바라보고 있는 사람이 있었다. 나이 오십을 갓 넘기면서 찾아온 뇌경색이 나을 기색은커녕 오히려 갈수록 악화하더니, 급기야 자리에서 일어나지 못하게 되었기 때문이었다. 처음에는 찾아와서 위로해 주는 사람들도 많았지만, 시간이 지나면서 찾는 이들의 발길도 뜸해졌다.

그나마 다행인 것은 어린 시절부터 함께 했던 네 명의 친구들이 우정을 저버리지 않고, 끝까지 자신을 돌봐주고 있는 것이 고마울 뿐이었다. 이들은 '독수리 오 형제'라는 모임으로 50년 가까이 친목을 다져온 친구들이었다. 친구들은 하루가 멀다고 방 안에 누워있는 친구를 찾아와 주었고, 주말이면 다섯 명의 친구가 함께 모여서 시간을 보내기도 했다.

　친구들은 특별한 직업도 없이 하루하루 날품팔이로 가족을 돌보는 처지였기 때문에 경제적인 여유는 없었다. 하지만 돌아가면서 유사를 정해 놓고 밤을 꼬박 지새우면서 음식을 나누며 떠들다 보면, 시간 가는 줄 모를 정도로 즐겁게 지내고 있었다. 이번에 유사를 맡은 친구는 어디서 구해 왔는지 고로쇠 물을 두 말이나 들고 왔다. '메이드 인 코리아'라는 원산지 표시 밑에 '경남 산청군 시천면 내대리 몇 번지 아무개'라는 생산자 주소가 붙어 있었다. 친구들은 밤새도록 화장실을 들락거리면서 고로쇠 물을 퍼마셨다. 그러면서도 네 명의 친구들은 누워있는 친구를 위해서 병세에 대해서는 묻지 않았다. 구태여 아픈 상처를 건드리고 싶지 않아서였다.

　그런데 그중에 한 친구가 운을 뗐다. 예수님께서 갈릴리 건너편으로 가셨다가 다시 가버나움으로 오신다는 말을 한 것이다. 친구들은 예수님의 소문에 대해서 다들 잘 알고 있었다. 특히 병자들을 고쳐주신다는 이야기는 초미의 관심사였다. 그러나 예수님께서 직접 오시기 전에는 그것도 남의 이야기일 수밖에 없었다. 예수님의 이야기를 꺼냈던 친구가 제안했다.
　"우리가 친구를 데리고 예수님께 직접 찾아가 보세!"
　그 말을 들은 친구들은 난색을 보였다. 거동이 불편한 친구를 데리고 예수님께 가려면 이동 수단이 마땅치 않았기 때문이었다. 인력거꾼을 부르는 것도 비용이 만만치 않았다. 그때 한 친구가 거들었다.

"우리가 힘을 합친다면 못 할 것도 없지! 우리가 침대를 통째로 들고 가는 거야! 어떤가?"

친구들은 묘한 미소를 지으면서, 서로 하이 파이브를 했다.

날이 새자마자 친구들은 계획을 곧 실행해 옮겼다. 좁은 방문을 통해서 침대를 밖으로 끌어내는 것부터가 골칫거리였다. 그러나 친구들은 침대에 누워있는 친구들 침상째로 들고서 예수님께서 오신다는 가버나움 회당을 향해 나섰다. 이미 가버나움 회당 앞은 인산인해를 이루고 있었다. 회당 안에는 사람들로 발 디딜 틈조차 없었다. 회당 안에서 말씀을 가르치고 계시는 예수님께로 친구를 데리고 들어갈 방법이 없었다. 그때 최근에 집수리하는 일을 따라다니는 친구가 말했다.

"내가 지붕으로 올라가 보겠네. 며칠 전에 내가 지붕을 해체하는 공사를 해 봤거든. 그거 별거 아니더라고."

쏜살같이 지붕으로 올라간 친구는 지붕을 덮고 있는 장막을 걷어내고 얼키설키 걸려있는 구조물들을 뜯어내기 시작했다. 회당 안에 있는 사람들은 갑자기 천장이 열리는 것을 보고는 깜짝 놀라서 소리쳤다. 그러든지 말든지 친구들은 침상을 줄에 매어서 회당 안에 계시는 예수님 앞으로 친구를 달아 내렸다. 예수님께서는 친구들의 믿음을 보시고는 크게 기뻐하셨다.

아마도 예수님께서는 지붕이 열리는 사상 초유의 사태를 보시면서, '오늘 하늘이 열리는 축복이 임하였느니라!'라고 말씀하시는 듯했다. 예수님께서 보실 때, 침상에 누워있는 이 보잘것없고 초라한 사람은 분명 '작은 자'(小子)였을 것이다. 그러나 예수님께서 "작은 자야, 안심하라! 네 죄 사함을 받았느니라!"라고 말씀하셨다. 정말 감동의 순간이었다. 경건한 바리새인들은 술렁거리기 시작했다.

'감히 예수가 누구기에 죄 사함을 선포한단 말인가? 이건 신성모독이 아닌가?'

그러나 예수님께서는 아랑곳하지 않으셨다. 침상에 누워서 눈물을 펑펑 쏟고 있는 친구에게 예수님께서 명령하셨다.

"네 침상을 가지고 집으로 가라!"

그 말씀 한마디에 친구는 벌떡 일어나서 침상을 짊어지고 밖으로 나왔다. 지붕 위에서 내려다보고 있던 네 명의 친구들은 만세를 부르면서 환호성을 지르며 하나님께 영광을 돌렸다. 뚜렷한 직업도 없는 가난한 친구들이었지만, 친구를 사랑하는 마음 하나만큼은 그 무엇보다도 풍성했다. 침상을 들고나온 친구는 네 명의 친구들을 얼싸안고 기뻐하며 연신 고마운 마음을 전했다.

어린 시절 다섯 명의 친구는 '독수리 오 형제'를 자처하면서 골목을 휘젓던 일을 떠올렸다. 그리고 드디어 어른이 되어서 예수님을 모르던 친구 하나를 전도해서 구원받게 한 것에 대해서 매우 기뻐했다. 그때부터 '독수리 오 형제'의 전설은 지금까지도 인구에 회자하게 되었다.

백부장의 믿음

　필자가 '시인이 만난 사람'이라는 제하로 성경 인물들을 매주 신문에 연재하면서, 가장 만나고 싶은 사람 중의 한 사람이 바로 가버나움 수색대에서 근무했던 백부장이었다. 성경에는 이 사람의 이름을 비롯한 인적 사항에 대한 언급이 전혀 없었다. 필자는 로마에 있는 사관학교 졸업생 명단과 근무지를 샅샅이 뒤져 봤지만, 모두 허사였다.
　그러다가 우리나라의 R.O.T.C나 학사장교 같은 루트로 장교가 되는 경우가 있나 싶어서 각 대학 학군단과 장교 교육대대를 찾아가서 임관자 명단 열람을 요청했다. 인사 기록이 컴퓨터로 관리되는 것이 아니었기 때문에 일일이 개인 파일들은 뒤져야 했다. 그러나 임관자들의 명단은 이름도 알아볼 수 없을 정도로 이미 고서(古書)가 되어 있었다.
　다행히 학사장교 출신으로 2천 년 전에 가버나움 지역에서 근무했던 백부장이 있다는 사실을 확인했다. 그 길로 필자는 가버나움 부대로 달려갔다. 감사하게도 가버나움은 크지 않은 동네라서 금세 해

당 부대를 찾을 수가 있었다.

갈릴리 호수 왼편에 있는 가버나움 동네에는 해병대가 주둔하고 있었다. 갈릴 호수는 내륙에 있는 어마어마하게 큰 호수여서 사람들은 편의상 갈릴리 바다라고 부르기도 했지만, 엄밀하게 따지자면 갈릴리 호수는 바닷물이 아닌 민물이기 때문에 호수라고 부르는 것이 맞다. 그런데 로마제국에서는 갈릴리호숫가에 있는 가버나움에 해군 제2사단을 배치해서 지중해 연안에 있는 본대와 긴밀한 군사작전을 수행하고 있었다. 가버나움에 있는 해병대 부대는 중대 규모여서 병사들이 백여 명 남짓한 작은 부대였다. 그래서 그런지 부대원들은 모두 가족 같은 분위기였다.

학사장교는 O.C.S라고 불렸는데, 학사장교의 시발점이 해군에서부터 시작되었기 때문이라고 했다. 그래서 O.C.S라고 하면, 해군 학사장교를 일컫는 말이 되었다는 설명을 들은 적이 있었다. 백여 명의 병사들은 자기 상관을 중대장이라고 부르지 않고, 백부장이라고 불렀다. 군대 규모에 따라서 열 명 정도를 거느린 분대장은 십 부장, 50명 정도의 소대장은 오십 부장 등으로 불렀으니, 중대장은 당연히 백부장으로 부르는 그것이 이해되었다.

병사들의 안내를 받아서 부대 안에 있는 백 부장실에 들어가 보았다. 백부장의 책상 위에는 유대인들이 읽는 토라(모세 오경: 창세기, 출애굽기, 레위기, 민수기, 신명기)가 있었다. 로마 군인이 유대인들이나 읽는 성경을 가지고 있다는 것이 신기했다.

　잠시 후에 백부장이 들어왔다. 그는 한국에서 목사님이 오셨다는 소식에 무척 반가워하는 기색이었다. 고맙기도 하고 반갑기도 해서 필자의 큰아들도 해군 학사장교로 입소해서 진해에 있는 해군사관학교 장교 교육대대에서 훈련받고, 목포와 대전 계룡대에서 근무하고 전역했다고 했더니, 무척 반가워했다. 학연, 혈연, 지연처럼 군연(軍緣)도 있구나 싶었다.

　필자는 로마 사람이면서 어떻게 예수님을 믿게 되었는지 백부장에게 물었다. 그는 로마에서 대학에 다닐 때, 친구를 따라서 I.V.F 동아리에 놀러 갔다가 처음으로 예수님을 알게 되었다고 했다. 그 후로 자기 대학교에서 기독인 연합 대표도 했고, 장교 교육대에 들어가서 믿음이 좋은 중대장을 만났다고 했다. 그 중대장은 소령이었는데, 목사님의 사위라고 했다. 매주 안식일마다 장교 교육대대 안에 있는 회당에 가서 예배를 드렸고, 군목을 통해서 신앙생활을 더 열심히 하게 되었다고 말했다.

　그가 총 11주 동안의 장교 교육을 마치고 소위로 임관해서 첫 발령지로 오게 된 곳이 바로 이곳, 가버나움 수색 중대였다. 그는 백부장으로 부임하자마자 부대원들의 안전이 급선무였기 때문에 더 열심히 신앙생활에 몰두했다. 그래서 그는 부대원들과 함께 늘 예배를 드리고 있으며, 부대원들이 무사히 제대할 때까지 안전한 병영생활을 위해서 늘 기도하고 있다고 했다.

그런데 안타깝게도 병사 한 사람이 훈련 중에 갑자기 고열로 쓰러졌다는 것이다. 각 분대원이 고무보트를 머리에 이고 구보를 하다가 그만 사고가 난 것이었다. 뜨거운 날씨 탓도 있었지만, 강인한 군인정신과 체력에도 불구하고 갑자기 쓰러진 병사는 그 이후 소생의 기미가 보이지 않더라는 거였다.

이 병사는 군 복무 중에 백부장의 집에 파견되어서 백부장 집의 일을 돕는 좀 특별한 병과였다고 했다. 마침 예수님께서 가버나움에 오셨다는 소식을 들은 백부장은 점심시간을 이용해서 예수님을 찾아가서 자초지종을 말씀드렸다. 그러자 예수님께서는 바로 백부장의 집으로 가시겠다며, 떠날 채비를 하시더라는 것이다.

너무나 황송하기도 하고, 감히 예수님을 누추한 자기 집까지 오시게 하는 것이 송구스러워서 그냥 여기서 말씀만 해 주시면 내 부하가 나을 줄 믿는다고 말씀을 드렸더니, 예수님께서는 깜짝 놀라시면서 거기 모인 사람들에게 이렇게 말씀하셨더란다.

"내가 진실로 너희에게 이르노니, 이스라엘 중 아무에게서도 이만한 믿음을 보지 못하였노라!"

그 말씀을 듣고 나니까, 백부장은 부끄럽기도 하고 너무 감사하기도 해서 몸 둘 바를 몰랐다고 했다. 예수님께서는 백부장에게 말씀하셨다.

"가라! 네 믿음대로 될지어다!"

그리고 정말 거짓말처럼 예수님께서 말씀하신 바로 그 시점에 백부장의 집에서 죽어가고 있던 그 병사가 툴툴 털고 일어났다고 했다. 필자는 너무나 생생한 백부장의 간증에 눈물이 주르륵 흘러내렸다. 필자는 갖고 있던 필자의 시집 '산청시인의 행복 이야기' 한 권을 백부장에게 선물하고 급히 나왔다. 백부장 앞에서 목사인 필자가 너무 부끄러웠기 때문이었다. 아차! 그러고 보니, 백부장의 이름을 물어본다는 걸 깜빡하고 말았다.

감사로 구원받은 사람

 '화장실 갈 때 마음 다르고, 올 때 마음 다르다'라는 말이 있다. 급하면 지푸라기라도 잡는 심정으로 매달리게 마련이다. 그런데 도움을 받아서 문제가 해결되고 나면, 언제 그랬냐는 식으로 아예 입을 싹 닦아 버리는 사람들을 일컫는 말이다. 심지어 물에 빠진 사람을 구해줬더니, 자기 보따리 내놓으라는 사람들도 있다고 하니, 과연 인간의 간사함은 말로 다 설명할 수 없다.

 우리나라에서는 이미 사라진 질병으로 알려졌지만, 성경에는 나병환자에 얽힌 이야기들이 자주 등장한다. 그중의 하나가 누가복음 17장에 나오는 열 명의 나병환자다. 의학용어로는 한센병이라고 하는데, 나균(Mycobacterium leprae)에 의한 만성 질환을 의미하며, 이 질병을 연구했던 게르하르 아르메우에르 한센(1841 ~ 1912)이라는 노르웨이 의학자의 이름을 딴 병명이다. 나병은 전염성이 그다지 높지는 않은 것으로 알려져 있다. 왜냐하면, 대부분 사람들은 한센병을 이겨낼 수 있을 정도로 면역체계가 강하기 때문이다.

그런데도, 예로부터 나병환자들은 사회적인 편견과 냉대로 소외됐던 것이 사실이다. 특히 유대인들에게 있어서 나병환자들은 죄악의 결과라거나, 또는 저주받은 질병으로 취급받아서 부정한 사람으로 여겨왔다. 그러니 당사자들이 당하는 수치심과 고통은 이루 말할 수 없었을 것이다.

레위기 13장 43절에 보면, 제사장이 나병환자를 진찰하고 판별했다. 제사장은 나병환자들을 발병 초기부터 완치 단계에 이르기까지 맨눈으로 판별하는 방법으로 나병의 유무를 진단했다고 한다. 현대 의학에서는 전파 가능성이 매우 낮아서 굳이 격리할 필요도 없다는 것이 밝혀졌지만, 제사장에 의해서 나병환자로 진단을 받으면 가족과도 떨어져서 살아야 했고, 사회 공동체에서 철저하게 격리되어 지내야만 했다.

그런 그들에게도 희망이 찾아왔다. 예수님께서는 어떤 병이라도 다 고쳐주시는 능력이 있으시다는 소문이 퍼지면서 집단생활을 하고 있었던 열 명의 나병환자가 예수님을 찾아간 것이다. 이들이 모두 예수님을 믿었다거나, 예수님에 대해서 호의적인 사람이었다는 기록은 없다. 다만 자기들이 아쉬우니까, 그저 예수님을 찾아갔던 것뿐이었다.

나병환자들은 자기 자신도 부정하다고 여겼기 때문에 일반인들을 가까이 하지 않았다. 혹시라도 일반인들이 모르고 자기들에게 접근

할 수도 있었기 때문에 사람들이 쉽게 나병환자들을 알아볼 수 있도록 옷을 찢고 머리를 풀어 헤치고 다니면서 윗입술을 가리고 "부정하다! 부정하다!"라며 소리를 지르도록 율법에 규정되어 있었다. 그러므로 그들은 감히 예수님 앞으로 가까이 가지도 못하고, 먼 곳에서 예수님께 소리쳐 외칠 수밖에 없었다.

"예수 선생님, 우리를 불쌍히 여기소서!"

예수님께서는 나병환자들의 외치는 소리를 들으시고는 그들에게 이렇게 말씀하셨다.

"가서 제사장들에게 너희 몸을 보이라!"

예수님께서는 그들에게 치유의 기도나 그 어떤 치료행위도 하지 않으시고, 무조건 제사장에게 가서 그들의 몸을 보이라고 명령하신 것이다. 그런데 참 신기한 것은 그들이 예수님의 말씀을 따라서 제사장에게 몸을 보이러 가는 동안 나병이 다 나아 버렸다는 것이다. 그들은 신기함과 놀라움으로 나병이 완치되었다는 확진을 받기 위해서 제사장에게 달려갔다.

그런데 열 명의 나환자 중에 한 사람은 제사장에게 가다가 자기가 나은 것을 보고는 큰 소리로 하나님께 영광을 돌리면서 예수님께로 다시 돌아왔다. 그리고 예수님의 발아래에 엎드려서 예수님께 감사하다는 인사를 드렸다. 성경에 보면, 이 사람은 사마리아 사람이라고 기록되어 있다. 사마리아 사람들은 역사적으로 앗수르의 침공을 받아 순수혈통을 지키지 못한 탓에 유대인들에게는 이방인 취급을 받았던 사람들이었다. 그런데도 다른 아홉 명의 나환자와는 달리, 오히려 사마리아 사람인 그가 예수님께 나와서 엎드려 감사의 인사를 드렸다는 것은 매우 이례적인 일이었다.

예수님께서는 그에게 말씀하셨다.
"열 사람이 다 깨끗함을 받지 아니하였느냐? 그 아홉은 어디 있느냐? 이 이방인 외에는 하나님께 영광을 돌리러 돌아온 자가 없느냐?"
이렇게 말씀하신 것을 보면, 예수님께서도 의외라고 여기셨던 것 같다. 그러고는 이내 이렇게 말씀하셨다.
"일어나 가라! 네 믿음이 너를 구원하였느니라!"
예수님께 돌아와서 감사하며 하나님께 영광을 돌렸던 그는 나병만 치료받은 것이 아니라, 영혼 구원까지 받았다.

필자는 기뻐하며 집으로 돌아가는 그를 붙들고 물어봤다. 유대인도 아닌 사마리아 사람이 어떻게 예수님께 나와서 감사와 영광을 돌리게 되었느냐고 하자, 필자의 질문에 그는 이렇게 대답했다.
"베루기도 낯짝이 있다 아잉교? 내사마 여태꺼정 칠랄레 팔랠레 질질거리고 댕김시로 한번도 인간 구실 몬하고 상기라. 인자마 내는 그 분헌티 딱 붙어가꼬 살끼구마! 아, 안그라요? 이 보다 더 큰 은혜가 어디 있겠소? 사람이 사람 구실도 모하고 살모 그기 사람이가? 눈치 빠른 넘은 절간에 가서도 새우젓을 으더뭉는다 앙카듬니

꺼? 예수 믿고 구원을 받았응깨, 내도 인자부터는 사람 같이 한번 살아볼끼라예!"

신이 나서 집으로 뛰어가는 그를 보고 있노라니, 감사로 구원받은 그의 믿음이 은근히 부러웠다.

은혜를 갚은 베드로의 장모

　예수님께서 가시는 곳마다 기적이 일어나고 능력이 나타난다는 소문이 퍼지면서, 예수님을 따르는 무리는 날이 갈수록 늘어가고 있었다. 이미 예수님의 제자들을 뽑는 수시모집과 정시모집이 모두 끝난 상태였기 때문에 예수님의 사역은 안정기에 접어들고 있었다. 가버나움은 예수님이 어린 시절부터 살았던 고향이기 때문에 예수님을 모르는 사람이 거의 없었다. 예수님께서는 어린 시절 가버나움 동네에서 감람나무 그늘에서 동네 아이들과 즐겁고 행복한 시간을 보내면서 성장하셨다. 그래서 예수님께서는 가버나움에 대해서 남다른 애착을 가지고 계셨다. 그런 연유로 예수님께서 공생애를 시작하신 후에는 가끔 가버나움 회당에서 말씀을 전하시곤 하셨다.

　그때마다 많은 병자들이 예수님께 나와서 자신들의 고통을 호소하며, 병을 고쳐주시기를 간절히 바라곤 했다. 육체적인 질병은 물론이고, 정신질환을 앓는 사람들도 예수님을 찾아 나왔다. 요즘은 조현병이라고 부르지만, 정신착란이나 분열 증세를 보이는 사람들이 대다수였다. 예수님께서는 각 사람의 증상에 따라서 정신질환과 귀신 들린 현상을 아주 분명하게 분간해 내셨다.

하긴 귀신에 들린 사람이 예수님께 나오기만 하면, 그 사람 속에 있는 귀신들이 어김없이 자신들의 정체를 드러냈기 때문에 귀신에 들린 사람을 분별해 내기란 그리 어려운 일은 아니었다. 사람들이 예수님을 박애주의자로 기억하는 것은 예수님께서 누구든지 차별하지 않으시고 사랑으로 치유해 주시고 돌봐주셨기 때문인 것 같았다.

그런데 필자가 알고 있는 박애주의자들은 대부분 주위 사람들에게는 한없이 친절하고 상냥하면서도 정작 자기 가족이나 가까운 친지들에게는 성실하지 못한 경우가 대부분이었다. 그러나 예수님께서는 당신과 가까운 사람들에게도 소홀히 대하신 적이 단 한 번도 없으셨다. 십자가에 달려서 돌아가실 때도 당신의 육신의 어머니였던 마리아를 끔찍이도 사랑하셔서 당신께서 가장 사랑하셨던 제자 요한에게 어머니를 부탁하는 모습만 봐도 잘 알 수 있다.

오늘 필자가 만난 사람은 베드로의 장모님이다. 베드로는 예수님의 수제자였기 때문에 예수님께서는 베드로를 비롯한 당신의 열두 제자들 모두에게 한 사람 한 사람 특별한 애정과 관심을 가지고 계셨다. 베드로의 장모가 열병으로 앓아누워있다는 소식을 전해 들으신 예수님께서는 지체하지 않으시고 베드로의 장모를 만나러 심방을 가셨다. 필자는 베드로의 처가 사정을 잘 알지는 못한다. 그렇지만 베드로의 눈치를 보아하니, 처가 형편이 그리 좋지는 않은 모양이었다. 베드로의 부인은 무남독녀 외동딸이었다. 베드로가 그의 장모가 될 사람에게 찾아가서 딸을 달라고 했을 때, 베드로의 장모는 탐탁지 않게 여겼다. 그도 그럴 것이 배운 것도 없이 평생을 고기나 잡는 어부로 살아온 베드로에게는 미래가 없어 보였기 때문이었다.

그러나 베드로는 출근하듯 매일 아침 찾아뵙고 인사를 드렸다. 베드로의 손에는 전날 밤에 잡은 싱싱한 물고기가 항상 들려 있었다. 베드로는 바쁜 와중에도 틈만 나면 찾아가서 집안일을 거들어 드렸다. 집수리처럼 어려운 일도 마다하지 않고 다 해 드렸다. 남편도 없이 무남독녀 외동딸을 키워 온 그녀는 어느 날 느닷없이 나타난 예비 사위의 등장이 싫지는 않았다. 워낙 말수가 적고 무뚝뚝한 베드로였지만, 홀로 남아있는 처가 어른을 대하는 깍듯한 태도에 감동한 그녀는 드디어 딸을 주어 사위로 삼기로 결심했다.

베드로는 워낙 집안이 가난했고, 베드로의 장모도 어차피 혼자 살고 있었기 때문에 아예 장모님을 모시고 처가살이를 하기로 했다. 사실 '보리 서 말만 있어도 처가살이는 안 한다'라는 말이 있었지만, 베드로는 극진하게 장모님을 모셨다. 베드로의 장모는 갈릴리 호수에서 고기잡이나 열심히 해서 식구들 건사하는 것 하나만으로 만족하기로 했다. 그러나 주로 밤에 고기잡이를 나가는 베드로 때문에 노심초사 걱정이 아닐 수 없었다.

그런데 어느 날 베드로가 고기 잡는 어부 생활을 그만두고 예수님을 따라나섰다는 말을 듣고는 베드로의 장모가 앓아눕게 되었다. 베드로가 고기잡이를 안 하면 집안일은 누가 꾸려나갈 것이며, 하나밖에 없는 딸이 노상 독수공방하고 있을 생각을 하니 하늘이 무너지는 것만 같았다. 게다가 아직 장가도 가지 않은 베드로의 동생 안드레까지 더부살이하고 있었던 터라, 베드로의 장모는 늘 불만이 쌓여 있었다.

그러던 차에 베드로의 장모에게 열병까지 생겼다. 웬만하면 금세 호전될 줄 알았던 베드로의 장모는 병세가 점점 악화하고 말았다. 예수님께서는 회당에서 말씀을 전하시고는 바로 야고보와 요한을 데리고 베드로의 집으로 심방을 가셨다. 예수님께서는 누구보다도 베드로의 사정을 잘 알고 계셨다. 장모님을 모시고 살면서도 한 번도 어려움을 내색하지 않았던 베드로의 딱한 사정을 예수님께서 모를 리가 없으셨다.

예수님께서는 집에 들어가시자마자 베드로 장모의 손을 잡아 일으켜 주셨다. 그러자 놀랍게도 그 즉시 베드로 장모의 열병이 떠나갔다. 베드로 장모는 자리를 툭툭 털고 일어나더니, 부엌으로 가서 차를 끓이고 과일을 깎아서 예수님과 그의 일행들을 지극하게 대접하며 섬겨 드렸다. 그 후로 베드로의 장모는 예수님을 따라나선 베드로에게 단 한 마디도 섭섭한 말을 한 적이 없었다고 했다. 자신의 생명을 구해주신 예수님의 은혜도 은혜지만, 베드로 덕분에 예수님께 은혜를 입게 되었으니 말이다. 그나마 사위가 예수님의 제자 중에 첫째가는 수제자라는 것도 그녀에게는 대단한 자부심이기도 했다.

  사람이 무엇을 주고 자기 목숨을 바꿀 수가 있겠는가? 죽음의 위기를 겪어 보지 않은 사람은 그 누구도 깨달을 수 없는 진리를 깨달은 베드로의 장모는 만나는 사람마다 입에 침이 마르도록 사위 자랑을 하기에 바빴다. 그 후로 그녀는 베드로뿐 아니라, 예수님께도 최고의 후원자가 되었고, 마침내 그녀는 나이에 어울리지 않게 예수님을 위한 복음선교후원회 회장직까지 맡게 되었다.

수로보니게 여인

　유난히 노란 머리에 파란 눈을 가지고 있어서 동네 아이들은 이 여인을 볼 때마다 "헬로 짭짭!"이라며 놀림을 받는 여인이 있었다. 이 여인은 요즘 심한 우울증 증세를 보이기 시작했다. 아직 초등학교에도 입학하지 않은 어린 딸에게 끔찍한 일이 생겼기 때문이었다. 밥도 아주 잘 먹고 친구들과도 사이좋게 지내던 아이가 어느 날부터인지 무척 예민해지더니, 신경질이 늘어갔다.
　아직 사춘기가 시작되려면 한참 남은 어린 나이였는데, 아이가 너무 까칠하다 싶어서 정서적으로 도움이 된다는 음악도 틀어 주고, 어린 딸과의 대화 시간도 늘려 보았지만, 아이는 오히려 더 거칠어져 갔다. 육체의 질병이라면 동네 의원에라도 데려갈 텐데, 그때만 해도 정신과를 진료받을 수 있는 곳은 없었다.

　동네 아이들은 여인과 딸을 싸잡아서 놀려댔다. 아이들이 어린 딸에게 "미친×"이라고 놀려대며 흉을 보거나 손가락질하는 것을 보면, 여인은 죽기보다 더 괴로웠다. 자식을 키우는 부모로서 어린 딸에게 이런 증상이 생겼다는 것을 받아들이는 것 자체가 무척 힘든 일이었다.

남편은 남부끄럽다며 아이를 방안에만 가두어 놓고 밖으로 나가지 못하게 했다. 행복했던 가정은 어린 딸의 문제로 남편과의 다툼이 잦아지면서 풍비박산이 날 지경이 되었다. 여인은 며칠 전에 받아 든 명함이 생각났다. 지난 장날 고추 모종을 사러 장에 갔다가 필자에게 받은 명함이었다. 필자는 지리산에서 목회하면서 여러 번 귀신을 내쫓았고, 초상이 나면 염을 해 주고 입관을 해서 하관에 이르기까지 모든 장례 일정을 치렀던 경험도 많았다고 여인에게 말한 적이 있었다. 여인은 필자에게 전화를 걸어서 딸 문제를 해결해 달라고 울먹이며 사정했다.

그런데 사실 필자도 어린아이가 귀신에 들린 것은 처음 봤고, 아이의 상태가 보통 심각한 것이 아니다 싶어서 얼른 여인에게 예수님을 소개해 드렸다. 여인은 예수님에 대한 소문을 잘 알고 있었지만, 예수님은 유대인이고 자기는 헬라인 이라서 예수님께 말씀드리기가 곤란하다고 했다. 왜냐하면 유대인들은 자기 민족이 아니면 상종하지 않으려고 해서 가 보나 마나 들어주시지 않을 것이 뻔할 거라는 거였다.

필자는 누가복음 18장에 나오는 과부와 불의한 재판장의 비유 말씀을 여인에게 들려주면서 어린 딸을 위해서 용기를 내보라고 설득했다. 만약 예수님께서 거절하시더라도 더욱 간절하고 겸손하게 매달리면, 예수님의 마음을 움직일 수 있을 거라는 귀띔도 잊지 않았다. 그러나 여인은 어린 딸을 데리고 외출하는 것이 거의 불가능해 보였다. 최근 들어서 아이가 더 난폭해지고 돌출 행동을 하는 바람에 대인관계도 전혀 안 되고, 사람들에게 혐오감마저 주게 될 거라는 염려 때문이었다.

여인은 필자와 통화를 마치자마자 그 길로 예수님을 찾아 나섰다. 그러나 군중들에 의해 둘러싸여서 열심히 말씀을 전하고 계시는 예수님이 너무나 멀게만 느껴졌다. 그녀가 예수님께 나가는 것은 거의 불가능에 가까운 일이었다. 왜냐하면 그녀는 헬라인으로서 수로보니게 지역에서 살고 있는 이방인이었고, 더구나 여자였기 때문이었다. 그래서 그녀가 감히 유대인 청년인 예수님 앞에 나선다는 것은 그리 쉬운 일이 아니었다.

그러나 여인은 이것저것 따질 때가 아니었다. 그동안 많은 장벽을 넘어서 여기까지 왔기에 포기할 수 없었다. 여인은 무조건 예수님의 발아래 엎드려서 통곡을 하기 시작했다. 무슨 영문인지 몰라서 어리둥절해하는 사람들에게 여인은 큰소리로 자기 딸의 사정을 이야기했다.

그런데 예수님의 반응은 싸늘하기만 했다.
"내 자녀들을 먼저 배불리 먹이는 것이 우선이다. 내 자녀들에게 줄 떡을 개들에게 던져준다는 것은 말도 안 되는 일이다!"

순간 여인은 아찔했다. 생각했던 대로 모든 일이 다 수포가 되는 듯했다. 더구나 헬라인이라는 이유로 대놓고 개 취급을 하신 것에 대해서는 심한 모멸감이 느껴졌다. 그러나 여인은 정신을 가다듬고 다시 예수님께 매달렸다.

"주님, 맞습니다. 주님의 말씀대로 주인집 자녀들이 먼저 먹고 배불러야겠죠. 그러나 상 아래 있는 개들도 아이들이 먹던 부스러기는 먹을 수 있는 것 아니겠습니까? 불쌍한 저에게 부스러기 은혜라도 베풀어 주시기를 바랍니다. 제발 부탁드리겠습니다!"

여인의 마음을 꿰뚫어 보신 예수님께서는 한동안 아무 말씀도 하지 않으시고 하늘만 우러러보시더니, 여인을 향해서 입을 열어 말씀하셨다.

"내 말에 자존심이 상하지 않았소? 그렇게 간절한 것을 보니, 당신의 믿음이 보이는구려. 이렇게까지 간절하게 애원하는 당신의 요구를 내 어찌 거절할 수가 있겠소? 아무 걱정 말고 일어나서 집으로 돌아가 보시오! 딸을 혼자 집에 놔두고 왔으니 얼마나 걱정이 되겠소? 내 아버지의 능력으로 당신의 딸에게서 귀신이 떠나갔소!"

여인은 예수님의 말씀을 듣고는 너무나 기뻤다. 여인은 너무나 감격해서 예수님께 거듭 감사의 인사를 드리고는 집으로 달려갔다. 아니나 다를까, 예수님의 말씀대로 딸은 멀쩡하게 나아서 자기 침대에서 쌔근쌔근 자고 있었다. 여인은 필자에게 전화를 해서 고맙다며 이번 주부터 당장 예수님을 따르는 제자가 되겠다고 말했다.

'여자는 약하다. 그러나 어머니는 강하다.'는 말이 생각났다. 필자는 거기에 한 마디를 더 덧붙였다.

"그리고, 그리스도인은 더 강하다!"

아들 바보였던 왕의 신하

예나 지금이나 공무원만큼 속 편한 직업도 없는 것 같다. 그래서 그런지 요즘엔 공무원 되기가 하늘의 별 따기만큼이나 더 어려운 것이 사실이다. 2천 년 전에도 마찬가지였다. 이스라엘에서 고위공직자가 되어서 왕을 모시는 왕의 신하가 된다는 것은 1%의 사람들만 누릴 수 있는 특권이었다. 왕궁을 마치 자기 집처럼 드나들면서 언제든지 왕을 뵐 수 있는 사람, 그래서 그 자리는 권력 서열로 따져도 열 손가락 안에 들어갈 만한 자리였다. 왕의 신하들은 시쳇말로 날아가는 새도 떨어뜨릴 수 있다는 권력을 가지고 있었다. 물론 그 내막을 살펴보면, 왕을 등에 업고서 호가호위(狐假虎威)하는 것에 지나지 않았지만, 그들은 궁궐에 들어오는 각종 정보를 이용해서 개인의 사리사욕을 쉽게 채울 수도 있었다.

필자가 만난 왕의 신하 역시 그런 사람 중의 하나였다. 그는 분봉왕 헤롯 안티파스 밑에서 왕의 최측근으로 특채되어 가버나움에서 일을 하고 있었다. 필자의 인터뷰 요청을 받은 왕의 신하는 자신의 이름을 익명으로 해 달라고 요청했다. 어쩌면 개인정보 보호라는 측면에서 보면, 당연한 요구일 수도 있었다. 그러나 그가 자기 이름을 밝히지 못하는 데에는 나름대로 이유가 있었다.

그에게는 늦둥이 아들이 하나 있었다. 남들은 결혼만 하면 애도 잘 낳는다는데, 필자가 만난 왕의 신하는 마흔 살에 결혼하고, 10년이 지나도록 아이가 없다가 우여곡절 끝에 아들을 하나 얻게 되었다고 했다. 남들은 손주를 볼 나이였지만, 그의 아들은 이제 초등학교 2학년 정도나 되어 보였다.

왕의 신하의 요구대로 그를 H라고 부르도록 하겠다. H 씨는 아침에 일어나면 왕궁으로 출근하기 전까지 아들의 온갖 시중을 드느라 여념이 없었다. 그러다 보니 아이의 버릇은 점점 더 나빠져만 갔고, H 씨의 집에선 그 아이가 상전 노릇을 하고 있었다. 학교에서는 툭하면 가정 통신문이 날아와서 부모를 소환하는 일이 잦았다. 아이는 학교 가는 걸 싫어해서 자주 꾀병을 부리곤 했다. 그날도 H 씨는 늦잠을 자는 아이의 잠투정을 받아 주고 있었다.

아이들이 학교에 가는 시간이 되었지만, 아이는 일어날 생각도 하지 않았다. 이불 속에서 배를 움켜쥐고 아프다며 칭얼대는 아이를 위해서 H 씨는 아내에게 집에 있는 상비약을 가져오게 했다. 그러나 아이는 약은 먹을 생각도 하지 않고, 계속 끙끙 앓고만 있었다. 하는 수 없이 아이를 아내에게 맡기고 H 씨는 왕궁으로 출근했다.

왕의 신하는 오전 내내 일이 손에 잡히지 않았다. 점심때쯤 지났을 때, 집에서 전갈이 왔다. 아무래도 아이가 이상하다는 거였다. H 씨는 만사를 제쳐두고 집으로 달려가 보았다. 초롱초롱하던 아이의 눈동자가 초점을 잃어가고 있었다. 다급했던 H 씨는 왕궁의 이름난 의원을 불러서 맥을 짚어보게 했다. 의원은 아이의 손목을 잡아보더니, 고개를 가로저었다. 이미 가망이 없다는 거였다. 그렇다고 지금처럼 의료시설이 제대로 갖추어져 있지 않았던 때, H 씨는 발만 동동 구르면서 어쩔 줄 몰라 했다.

필자는 어서 빨리 예수님께 도움을 요청하라고 귀띔을 해 주었다. 며칠 전에 예수님께서 가나 지역에서 물로 포도주를 만드셨다는 이야기도 해 주었다. 그랬더니 H 씨는 그런 능력을 갖추신 분이라면 자기 아들을 살릴 수 있을 거라고 믿었다. 그는 뒤도 안 돌아보고 가나에 머물고 계시다는 예수님께 달려갔다.

가버나움에서 가나까지는 약 30km나 되는 꽤 먼 거리였다. H 씨는 예수님을 만나자마자 예수님의 손목을 붙잡더니, 제발 가버나움에 내려오셔서 아들을 살려달라고 사정했다. 그러나 예수님께서는 사람들이 표적이나 기적을 보지 않으면 절대로 믿으려고 하지 않는 것에 대해서 섭섭함이 있으셨던 것 같았다. H 씨는 예수님께서 무슨 말씀을 하시는지 들을 생각도 하지 않았다. 아이가 죽고 나면 다 소용없는 일이 될 거로 생각한 H 씨는 예수님께 무조건 빨리 가버나움으로 내려가자고 재촉했다. 그러자 예수님께서 말씀하셨다.

"가라! 네 아들이 살아 있다!"

그 말씀을 들은 H 씨는 예수님의 말씀을 일단 믿기로 하고, 아이가 있는 가버나움으로 다시 달려 내려갔다. H 씨는 가버나움으로 내려가는 길에 자기가 부리는 종들을 만났다. 종들은 H 씨를 보자마자 아이가 살아있다고 보고했다. H 씨는 너무 놀라서 종들에게 아이가 살아난 시간을 자세히 물어보았다. 그랬더니 어제 오후 7시에 예수님께서 "네 아들이 살아 있다!"라고 말씀하신 바로 그 시간에 아이의 열이 떨어지기 시작했다는 거였다.

H 씨는 땅바닥에 주저앉아서 한없이 통곡했다. 그동안 아들에게만 매어서 살면서 아들 바보 소리를 들어왔던 자기 삶이 한심하기만 했다. 그는 집으로 달려가서 온 가족들과 종들까지 다 불러 모았다. 그리고 예수님의 능력과 사랑에 관해서 설명하기 시작했다. 그리고 그 시간부터 온 집안이 다 예수를 믿기 시작했다. 아들 바보였던 그가 이제는 예수 바보가 된 것이었다. 누가 그랬던가? '바보'는 '바라볼수록 보고 싶은 사람'이라고! H 씨는 아들 바보에서 예수님만 바라보며, 예수님만 보고 싶어 하는 '예수 바보'가 되었다.

'자비의 집'에서 만난 사람

  성경 고고학을 연구하는 사람들은 고증을 통한 사실 확인에 초점을 맞추어서 탄소동위원소 측정법이나 발굴 등을 통해서 성경의 신비를 밝혀내고 있다. '자비의 집'이라고 번역된 베데스다 연못은 기원후 1888년에 발굴된 대표적인 성서 유적지로 꼽히고 있다. 이 연못은 상하 두 못으로 나뉘어져 있는데, 길이가 18m, 폭이 각각 6m에 이른다.

  필자는 역사를 거슬러 올라가서 베데스다 연못을 찾아가 보았다. 마침 유월절을 지키려는 많은 사람들이 예루살렘에 모여들어서 북새통을 이루고 있었다. 예루살렘 성전에는 여러 문들이 있었다. 예루살렘 성으로 들어가는 문 중에 '양문'이라는 곳이 있는데, 그 부근에 베데스다라는 연못이 있었다. 그곳에는 행각이 다섯 개나 있어서 평소에도 순례객들이 잠시 쉬었다가 가곤 했다. 베데스다 연못 근처에는 언제나 많은 병자들이 들끓어서 마치 전쟁터를 방불케 했다. 이들은 베데스다 연못의 물이 움직이기만을 기다리고 있었다.

전설에 의하면, 천사가 가끔 못에 내려와서 물을 움직이게 한다는 거였다. 그리고 물이 움직일 때, 누구든지 먼저 물에 뛰어 들어가는 사람은 어떤 병에 걸렸든지 다 낫는다는 전설이 내려오고 있었다. 다소 허황된 말처럼 들리긴 했지만, 그렇다고 특별한 의술이나 의료 시설이 없었던 시절이었기 때문에 이들은 아예 그곳에서 노숙을 하면서 물이 움직이기만을 하염없이 기다리고 있었다.

실제로 베데스다 연못은 간헐천(間歇泉)이어서 가끔 물이 솟아오를 때는 물이 움직이는 모습을 볼 수 있었다. 소문을 듣고 몰려온 사람들은 짧게는 몇 달에서 길게는 수십 년을 그곳에서 지낸 사람들도 있었다. 거기에 모인 환자들도 다양했다. 무슨 병인지 알 수도 없는 각색 병자들을 비롯한 시각장애인들과 다리 저는 사람들, 혈기 마른 사람들, 악성 피부병 환자들, 당뇨환자나 고혈압환자, 각종 암에 걸린 사람들에 이르기까지 이루 말할 수 없는 질병으로 평생을 고생하는 사람들이 거기에 다 모여 있었다.

그들은 소위 불치병이라고 분류되는 질병에 걸려서 살 소망이 없거나 고칠 방법이 없는 사람들이었다. 그런 상황인데도 누구 하나 나와서 질서를 유지해 주는 사람들도 없었고, 이들을 위해서 무료 급식을 해 주는 사람들도 없었다. 이들에게 하루는 여삼추(如三秋)였다. 그렇게 시간을 보내며 시름시름 앓다가 죽어가는 사람들이 하나둘이 아니었다.

마침 그곳에는 38년 전에 척추를 다쳐서 지금까지 자리 하나를 깔고 물이 움직이기만을 기다리는 사람이 있었다. 덥수룩한 수염에 퀭한 눈망울이 가물가물 꺼져가는 짚불처럼 보이는 사람이었다. 필자는 그에게 다가가서 몇 마디 말을 걸어 보았다. 그는 태어난 곳도 정확하게 기억하지 못했다. 자기를 낳아준 부모조차 그를 돌봐줄 힘이 없어서 지금은 아예 찾아오지도 않는다고 했다.

그는 물이 움직이면 잽싸게 움직여서 물에 들어가고 싶었지만, 비교적 연못 가까운 곳에는 이미 많은 병자가 자리를 잡고 누워 있었다. 하는 수 없이 그는 연못에서 제법 떨어진 곳에 있는 행각 기둥에 간신히 몸을 기대고 앉아있었다.

그때 마침 예수님께서 유월절을 지키러 예루살렘 성전으로 올라가시다가 이곳을 지나게 되셨다. 한눈에 예수님을 알아본 필자는 예수님께 간청해서 딱한 이 병자의 사정을 말씀드렸더니, 예수님께서 그에게 다가오셔서 물으셨다.

"네가 낫고자 하느냐?"

말이 떨어지기가 무섭게 그가 대답했다.

"아무렴 입쇼! 그걸 말씀이라고 하십니까요? 그런데 물이 움직일 때 제일 먼저 나를 못에 넣어줄 사람이 없어서 이러고 있지 뭡니까요? 물이 움직일 때 못에 들어가려고 해도 벌써 다른 사람들이 먼저 들어가 버리고 맙니다요."

아마도 그는 예수님께서 자기랑 같이 있다가 물이 움직일 때 자기를 못에 넣어주기를 원했던 모양이었다. 사정은 딱했지만, 예수님이 어디 그렇게 한가하신 분이시던가? 예수님께 그런 걸 바란다는 것은 가당치도 않아 보였다. 그렇다고 필자 역시 무작정 옆에 붙어 앉아서 물이 움직이기만을 기다려 줄 수도 없는 노릇이었다. 그런데 예수님께서 황당하신 말씀을 하셨다.

"일어나서 네가 깔고 누웠던 자리를 들고 걸어가라!"

예수님의 명령을 들은 필자는 망치로 뒤통수를 얻어맞은 느낌이었다. 38년 동안이나 누워있는 병자에게 일어나서 자리를 들고 걸어가라고 하시는 예수님의 말씀이 필자에게는 너무나 황당하게 들렸기 때문이었다. 그런데 정말 놀라운 일이 벌어졌다. 일어나서 자리를 들고 걸어가라는 예수님의 말씀에 38년 동안이나 누워있던 이 병자가 갑자기 벌떡 일어나더니, 정말 자리를 걷어서 들고는 걸어가는 것이 아닌가?

당황한 필자는 토요일 오후라서 주일 준비를 해야 한다는 핑계를 대고, 서둘러 자리를 떠났다. 부끄럽기도 하고 무안하기도 해서 그 자리에 그대로 있을 수가 없었기 때문이었다. 한국으로 돌아오는 비행기 안에서 곰곰이 생각해 보았다.

'믿음이란 무엇인가?'

'어떤 사람이 기적을 체험하게 되는가?'

'예수님께서는 어떤 사람들에게 은혜를 베풀어 주시는가?'

'자비의 집, 베데스다는 왜 자비의 집이라는 이름이 붙게 된 것일

까?'

　아직도 물이 움직이기만을 기다리고 있을 많은 사람들을 생각하면서, 여전히 풀리지 않는 '믿음'이라는 것에 대한 나만의 숙제가 잔뜩 쌓여만 가고 있었다.

복합 장애를 해결 받은 사람

　장애인들을 위한 여러 가지 편의 시설이 있음에도 불구하고, 여전히 장애인들이 겪는 불편함은 이루 다 말할 수가 없다. 특히 복합 장애가 있는 경우에는 더욱 그렇다. 청각장애가 있는 경우에는 정도의 차이는 있겠지만, 필자의 짧은 생각으로는 성인이 된 후에 청각장애를 앓게 되는 경우 보다, 어렸을 때나 혹은 태어나면서부터 청각장애가 있게 되면 저절로 언어장애까지 갖게 되는 경우가 많은 것 같다. 대학원에서 사회복지를 전공한 필자로서는 장애인에 관한 관심이 남다르다.

　성경에는 장애인들의 이야기가 많이 등장한다. 그만큼 예수님께서도 장애인들에 관한 생각이 특별하셨다. 마가복음 7장에 등장하는 귀먹고 말 더듬는 복합 장애인에 대한 기록은 우리들이 가지고 있는 장애인에 대한 연민을 넘어서 장애의 원인을 근본적으로 치료해 주신 예수님의 사랑의 치유 사건으로 우리의 기억에 남아있다.

　예수님께서는 날마다 동서남북 사방팔방으로 다니시면서 바쁘게 일하셨다. 예수님의 사역은 이사야 선지자가 예언했던 것처럼 포로된 자에게 자유를, 눈먼 자에게 다시 보게 함을 전파하시고, 눌린 자를 자유롭게 하시기 위해서 주님의 은혜의 해를 전파하시는 일이었다. 이런 예수님의 사역 목적은 오직 가난한 자들에게 복음을 전하시기 위함이었다.

예수님께서 가시는 곳마다 시각장애인들이 눈을 떠서 보게 되었고, 걷지 못하던 사람이 일어나 걷게 되었다. 나병환자들이 깨끗함을 받는가 하면, 청각장애인들은 소리를 들을 수 있게 되었다. 예수님께서 가시는 곳마다 죽은 자가 살아나는 등 많은 기적이 일어났다.

예수님께서는 두로 지방에서 수로보니게 여인의 딸에게 들렸던 귀신을 내쫓아 주셨다. 그러고는 또 다른 일정을 소화해 내시기 위해서 두로 지방에서 나오신 예수님께서는 이번에는 시돈을 지나, 데가볼리 지방을 통과해서 갈릴리 호수 쪽으로 내려고 오셨다.

필자는 예수님의 사역을 보면서 너무나 신이 나서 줄곧 예수님을 따라다녔다. 누구 하나 예수님의 스케쥴을 관리해 주는 사람도 없었지만, 예수님께서는 마치 계획이나 하신 듯이 적재적소에 나타나셨고, 그때마다 기적이 필요한 사람들에게 기적을 베풀어 주셨다.

무엇보다도 예수님의 가장 큰 사역은 말씀 사역이었다. 예수님이 오신다는 소식이 전해지면, 어디를 가든지 구름떼처럼 많은 사람들이 모여들어서 예수님의 말씀을 들었다. 예수님께 나오는 사람들은 예수님의 말씀을 듣는 동안 대부분 자신의 문제들이 다 해결되었다. 그러나 그들은 자신의 문제만 가지고 나오는 것이 아니었다. 그들은 자기 주변에 있는 안타까운 이들의 사정을 예수님께 아뢰기도 하고, 그들을 위해서 예수님의 능력을 간구하는 일들이 흔했다.

　그날도 예수님께서 갈릴리 호수에 도착하시자마자 사람들이 청각장애로 듣지 못하고, 심하게 말을 더듬는 사람을 데리고 나왔다. 필자는 그가 어렸을 때 열병을 앓다가 그 후유증으로 청각장애를 앓게 되지 않았나 싶은 생각이 들었다. 듣지 못하게 되니까, 자연히 말도 잘 배우지 못하게 되었을 거로 생각했다.
　그런데 그의 경우는 조금 달랐다. 듣지 못해서 말을 제대로 배우지 못한 탓도 있었겠지만, 오랫동안 말을 많이 하지 않았기 때문이었는지 아예 그의 혀가 굳어져 있었던 것이었다. 그런데 그는 자존심이 무척 강해 보였다. 그는 예수님을 만난 후에 자신들의 질병이나 장애에서 해방되었다는 말을 여러 차례 듣기는 했지만, 정작 본인은 남들 앞에서 자신의 장애를 드러내는 것을 꺼렸다.

　예수님께서는 그런 그의 마음을 잘 아셨는지, 그를 불러서 사람들이 없는 외딴곳으로 데려가셨다. 필자가 본 예수님의 치료 방법은 그저 신기하고 놀랍기만 했다. 예수님께서는 그의 장애를 한 가지씩 고치시는 것이 아니라, 두 가지 장애를 한꺼번에 고쳐주셨다. 필자는 그와 함께 예수님을 따라서 외진 곳으로 가 보았다. 보통의 경우에는 그냥 말씀으로만 고치셨던 예수님이셨는데, 이번에는 치료 방법이 사뭇 달랐다.

예수님께서는 손가락을 그의 양 귀에 넣으시고 침을 뱉어 그의 혀에 손을 대셨다. 약간은 지저분해 보이기도 했지만, 그의 거룩하신 사역 앞에 필자는 고개를 숙이지 않을 수 없었다. 예수님께서는 하늘을 우러러 탄식하시며, 한마디 말씀을 던지셨다.

"에바다!"

어려서부터 갈릴리 나사렛에서 살아오신 예수님은 갈릴리 지방에서 쓰는 아람어를 자주 사용하셨는데, '에바다'라는 말은 아람어(語)로 '열려라!'라는 뜻이었다. 예수님께서 명령하신 한마디의 말씀, '에바다!'로 인해서 즉시 그의 귀가 열리고, 맺혔던 혀가 곧 풀어지면서 어눌했던 그의 말이 분명해졌다.

그를 무리에게로 다시 데리고 오신 예수님께서는 사람들에게 비밀을 지켜달라고 신신당부를 하셨다. 너무나 많은 사람들이 이런 기적이 일어났다는 소문을 듣게 되면, 무작정 기적이나 바라고 모여들게 될 것을 염려하셨기 때문으로 보였다. 아니면, 예수님의 때가 아직 이르지 않으셨다고 생각하셔서 스스로 사람들에게 나타내시는 것을 원하지 않으셨던 이유도 있었으리라는 생각이 들었다.

그러나 예수님의 당부에도 불구하고 사람들은 아무 생각도 없이 나가서 예수님에 대한 소문을 마구 퍼뜨렸다. 일부 사람들은 예수님의 이런 행동에 대해서 약간의 조롱 섞인 비난도 있었던 것도 사실이다. 그렇지만 다행히 대부분 사람들은 예수님에 대해서 칭찬 일색이었다.

 필자는 어디를 가시든지 모든 사람들에게 사랑을 베풀어 주셨던 예수님의 사역을 흉내라도 내보고 싶었지만, 늘 역부족이었다. 그러든지 말든지 필자는 예수님의 사역을 소개하는 것만으로도 얼마나 기쁘고 행복한지 모른다. 나의 간증보다 더 귀한 것은 예수님의 능력을 전하는 일이기 때문이다.

기적보다는 하나님께 영광을

　필자는 고향인 경기도 김포에서 교회를 개척해서 섬기다가 23년 전에 산청에 있는 칠정교회로 임지를 옮기자마자 바로 그다음 주에 보름간의 일정으로 성지순례를 떠났었다. 로마와 이집트를 거쳐서 꿈에 그리던 이스라엘 땅을 처음 밟았을 때, 그때 느꼈던 감격은 아직도 새롭다. 성경에서만 들었던 지명들을 찾아다니면서 역사 속의 예수님을 만난다는 것은 우리 그리스도인들에게는 크나큰 기쁨이 아닐 수 없다.

　이스라엘은 워낙 작은 나라라서 마음만 먹으면 차를 타고 다니면서 얼마든지 관광할 수 있겠지만, 팔레스타인 지역은 폭탄 테러 등과 같은 위험 요소가 늘 있어서 혼자서 함부로 다니는 일은 자제해야 했다. 그런 이유로 가이드가 정해주는 동선(動線)만 따라서 움직여야 하는 것이 매우 안타까웠다.

　한번은 갈릴리 호수를 따라서 디베랴에서 가버나움으로 올라가다가 눈에 익은 간판을 보게 되었다. 막달라 쪽으로 가는 도로 표지판이었다. 차는 가버나움을 향해서 계속 달리고 있었지만, 필자의 마음은 벌써 막달라로 향하고 있었다. '막달라'라는 동네가 낯설지 않았던 것은, '막달라'라는 지명에 붙어서 바로 따라 나오는 이름이 마리아, '막달라 마리아' 때문이었다. 필자는 혼자 상상의 날개를 펼쳐서 막달라 지방에 살고 있는 마리아를 만나보러 달려갔다.

이스라엘에는 마리아라는 이름이 워낙 흔했다. 마리아라는 이름은 모세의 누이 미리암이라는 히브리어 이름에서 나온 것인데, 헬라어로는 마리아라고 표기한다. 신약 성경에만 마리아라는 인물이 여섯 명이나 나올 정도로 흔한 이름이어서 막달라에 살았던 마리아를 특정해서 '막달라 마리아'라고 부르게 된 것이다.

막달라 마리아는 사실 온순하고 조용한 성격의 여인이었다. 한국 그리스도인 중에는 농담 삼아서 '어서 내놔! 막달라 마리아!'라고 하면서 막달라 마리아를 가지고 장난을 치는 사람들도 있지만, 필자가 본 마리아는 전혀 그렇게 마구잡이식의 여인이 아니었다. 그럼에도 막달라 마리아가 예수님을 만나기 전까지는 누구도 이 여인과 상대를 하지 않으려고 했었다. 그도 그럴 것이 그녀에게는 흉악한 귀신이 일곱이나 들어가 있었기 때문이었다. 불면증으로 잠을 못 자는 건 기본이었고, 일상적인 대인관계가 전혀 불가능할 정도로 상태가 좋지 않았다. 만나는 사람마다 싸우려고 덤벼들었기 때문에 그녀는 마치 포악한 암사자 같았다.

원래 성격은 깔끔하고 단정한 여인이었지만, 일곱 귀신이 들어가고 나서부터는 한 번도 씻지 않아서 냄새가 말이 아니었다. 머리는 산발하고, 다 해진 옷은 군데군데 구멍이 나 있었다. 밤새도록 어디를 돌아다니다가 왔는지 옷은 여기저기 나뭇가지에 걸려서 찢어져서 너덜거렸다. 손에는 아기들이나 가지고 노는 인형이 들려 있었다. 인형 얼굴에는 낙서가 가득했고, 오물 찌꺼기가 묻어서 번들번들하게 말라붙어 있었다.

우리나라 같았으면 당장 동사무소에서 사회복지사를 보내거나 요양보호사가 찾아왔을 것이다. 사회복지사의 어프로치를 통해서 클라이언트와의 상담으로 이어지고, 필요한 경우엔 입원이나 치료 조치가 바로 이루어졌을 것이다. 그러나 막달라 마리아는 이런 도움을 전혀 받지 못한 상태로 방치되고 있었다. 복지 사각지대라는 말은 막달라 마리아에게 딱 어울리는 말이었다. 누가 봐도 막달라 마리아의 사정은 그저 안쓰럽기만 했다.

그런데 갑자기 막달라 마리아가 주섬주섬 자기 물건들을 챙기더니 어디론가 달려가는 것이었다. 필자는 다급하게 그녀의 뒤를 따라가 보았다. 막달라 마리아는 뒷동산 마루턱에 사람들이 많이 모인 곳으로 달려갔다. 그곳에는 예수님이 계셨고, 많은 사람들이 모여서 예수님의 말씀을 듣고 있었다.

여인은 히죽히죽 웃으면서 예수님께 나아갔다. 사람들은 냄새나는 여인을 피해서 슬금슬금 옆걸음을 쳤다. 예수님은 모세의 기적처럼 열린 군중들 사이로 걸어가시더니 그녀를 따뜻하게 맞아 주셨다. 예수님의 눈이 그녀의 눈과 마주치자, 그녀는 발작하듯 거품을 물고는 그 자리에 쓰러졌다. 놀란 군중들은 악취가 진동하는 그녀를 내려다보며 혀를 끌끌 차고 있었다.

  예수님은 여인의 손을 잡아서 일으키셨다. 정신이 멀쩡하게 돌아온 여인은 자신의 초라한 행색이 너무 부끄러워서 어쩔 줄 몰라 했다. 예수님께서는 다시는 더러운 귀신이 들어가지 못하도록 기도와 말씀에 충실하고, 감사하는 마음으로 늘 찬송을 부르며 헌신하라고 말씀하셨다.

  그로부터 여러 날이 지나서 다시 막달라 마리아를 만났을 때, 그녀는 완전히 다른 사람이 되어 있었다. 그녀는 전도자였고 사역자였으며, 철저한 예수님의 제자가 되어 있었다. 훗날 예수님의 십자가 사건 때에는 십자가 아래에서 떠나지 않고 예수님의 돌아가심을 끝까지 지켜본 여인, 예수님께서 부활하신 빈 무덤으로 달려가서 제일 먼저 부활하신 예수님을 만났던 사람, 그가 바로 막달라 마리아였다.

  어떤 이유로 일곱 귀신이 들어가게 되었는지는 알 수 없지만, 막달라 마리아는 이제 정결한 그리스도인으로 거듭나 있었다. 먼저 된 자로서 나중 되고, 나중 된 자로서 먼저 될 자가 많다고 하신 예수님의 말씀이 깨달아졌다. 무척이나 친숙해진 '막달라'라는 동네, 그곳에도 뜨거운 여름이 서서히 식어가고 있었다.

큰 은혜를 입은 막달라 마리아

　필자는 고향인 경기도 김포에서 교회를 개척해서 섬기다가 23년 전에 산청에 있는 칠정교회로 임지를 옮기자마자 바로 그 다음 주에 보름간의 일정으로 성지순례를 떠났었다. 로마와 이집트를 거쳐서 꿈에 그리던 이스라엘 땅을 처음 밟았을 때, 그때 느꼈던 감격은 아직도 새롭다. 성경에서만 들었던 지명들을 찾아다니면서 역사 속의 예수님을 만난다는 것은 우리 그리스도인들에게는 크나큰 기쁨이 아닐 수 없다.

　이스라엘은 워낙 작은 나라라서 마음만 먹으면 차를 타고 다니면서 얼마든지 관광할 수 있겠지만, 팔레스타인지역은 폭탄 테러 등과 같은 위험요소가 상존하고 있기 때문에 혼자서 함부로 다니는 일은 자제해야 했다. 그런 이유로 가이드가 정해주는 동선(動線)만 따라서 움직여야 하는 것이 매우 안타까웠다.

　한번은 갈릴리 호수를 따라서 디베랴에서 가버나움으로 올라가다가 눈에 익은 간판을 보게 되었다. 막달라 쪽으로 가는 도로 표지판이었다. 차는 가버나움을 향해서 계속 달리고 있었지만, 필자의 마음은 벌써 막달라로 향하고 있었다. '막달라'라는 동네가 낯설지 않았던 것은, '막달라'라는 지명에 붙여서 바로 따라 나오는 이름이 마리아, '막달라 마리아' 때문이었다. 필자는 혼자 상상의 날개를 펼쳐서 막달라에 살고 있는 마리아를 만나보러 달려갔다.

이스라엘에는 마리아라는 이름이 워낙 흔했다. 마리아라는 이름은 모세의 누이 미리암이라는 히브리어 이름에서 나온 것인데, 헬라어로는 마리아라고 표기한다. 신약 성경에만 마리아라는 인물이 여섯 명이나 나올 정도로 흔한 이름이어서 막달라에 살았던 마리아를 특정해서 '막달라 마리아'라고 부르게 된 것이다.

막달라 마리아는 사실 온순하고 조용한 성격의 여인이었다. 한국 그리스도인들 중에는 농담 삼아서 '막달란 말이야!'라고 하면서 막달라 마리아를 가지고 장난을 치는 사람들도 있지만, 필자가 본 마리아는 전혀 그렇게 마구잡이식의 여인이 아니었다. 그럼에도 막달라 마리아가 예수님을 만나기 전까지는 누구도 이 여인과 상대를 하지 않으려고 했었다. 그도 그럴 것이 그녀에게는 흉악한 귀신이 일곱이나 들어가 있었기 때문이었다. 불면증으로 잠을 못 자는 건 기본이었고, 일상적인 대인관계가 전혀 불가능할 정도로 상태가 좋지 않았다. 만나는 사람마다 싸우려고 덤벼들었기 때문에 그녀는 마치 포악한 암사자 같았다.

원래 성격은 깔끔하고 단정한 여인이었지만, 일곱 귀신이 들어가고 나서부터는 한 번도 씻지 않아서 냄새가 말이 아니었다. 머리는 산발을 하고, 다 해진 옷은 군데군데 구멍이 나 있었다. 밤새도록 어디를 돌아다니다가 왔는지 옷은 여기저기 나뭇가지에 걸려서 찢어져서 너덜거렸다. 손에는 아기들이나 가지고 노는 인형이 들려 있었다. 인형 얼굴에는 낙서가 가득했고, 오물 찌꺼기가 묻어서 번들번들하게 말라붙어 있었다.

우리나라 같았으면 당장 동사무소에서 사회복지사를 보내거나 요양보호사가 찾아왔을 것이다. 사회복지사의 어프로치를 통해서 클라이언트와의 상담으로 이어지고, 필요한 경우엔 입원이나 치료조치가 바로 이루어졌을 것이다. 그러나 막달라 마리아는 이런 도움을 전혀 받지 못한 상태로 방치되고 있었다. 복지 사각지대라는 말은 막달라 마리아에게 딱 어울리는 말이었다. 누가 봐도 막달라 마리아의 사정은 그저 안쓰럽기만 했다.

그런데 갑자기 막달라 마리아가 주섬주섬 자기 물건들을 챙기더니 어디론가 달려가는 것이었다. 필자는 다급하게 그녀의 뒤를 따라가 보았다. 막달라 마리아는 뒷동산 마루턱에 사람들이 많이 모인 곳으로 달려갔다. 그곳에는 예수님이 계셨고, 많은 사람들이 모여서 예수님의 말씀을 듣고 있었다.

여인은 히죽히죽 웃으면서 예수님께 나아갔다. 사람들은 냄새나는 여인을 피해서 슬금슬금 옆걸음을 쳤다. 예수님은 모세의 기적처럼 열려진 군중들 사이로 걸어가시더니 그녀를 따뜻하게 맞아 주셨다. 예수님의 눈이 그녀의 눈과 마주치자, 그녀는 발작을 하듯 거품을 물고는 그 자리에 쓰러졌다. 놀란 군중들은 악취가 진동하는 그녀를 내려다보며 혀를 끌끌 차고 있었다.

예수님은 여인의 손을 잡아서 일으키셨다. 정신이 멀쩡하게 돌아온 여인은 자신의 초라한 행색이 너무 부끄러워서 어쩔 줄 몰라 했다. 예수님께서는 다시는 더러운 귀신이 들어가지 못하도록 기도와 말씀에 충실하고, 감사하는 마음으로 늘 찬송을 부르며 헌신하라고 말씀하셨다.

그로부터 여러 날이 지나서 다시 막달라 마리아를 만났을 때, 그녀는 완전히 다른 사람이 되어 있었다. 그녀는 전도자였고 사역자였으며, 철저한 예수님의 제자가 되어 있었다. 훗날 예수님의 십자가 사건 때에는 십자가 아래에서 떠나지 않고 예수님의 죽으심을 끝까지 지켜 본 여인, 예수님께서 부활하신 빈 무덤으로 달려가서 제일 먼저 부활하신 예수님을 만났던 사람, 그가 바로 막달라 마리아였다.

어떤 이유로 일곱 귀신이 들어가게 되었는지는 알 수 없지만, 막달라 마리아는 이제 정결한 그리스도인으로 거듭나 있었다. 먼저 된 자로서 나중 되고, 나중 된 자로서 먼저 될 자가 많다고 하신 예수님의 말씀이 깨달아졌다. 무척이나 친숙해진 '막달라'라는 동네, 그곳에도 뜨거운 여름이 서서히 식어가고 있었다.

맺는 말

우리 주변엔 많은 사람들이 있다. 그들과 얼마나 많은 관계를 맺고 사느냐는 그리 중요하지 않다. 그냥 그들의 삶을 바라보기만 해도 배울 수 있는 것들이 많기 때문이다. 성경 속의 인물들이 지금은 존재하지 않는 가상의 인물들이라 할지라도 그들을 새롭게 만날 수 있는 기회가 되었다면, 그것으로 나는 만족한다.

이 책을 읽으면서 독자들은 필자가 성경 인물들을 희화한 것이 아닌가 하는 우려할 수도 있다. 그러나 그것은 하나의 의도된 기법일 뿐이다. 사실 성경 이야기는 너무 멀게만 느껴지거나 나와는 상관없는 이야기로 느끼는 사람들이 많아서 성경 속 인물들을 현실로 끌어오면서 더 친근감을 느끼게 하려는 필자의 의도였음을 밝혀둔다. 중요한 것은 독자가 책을 읽으면서 얼마나 더 흥미롭고 얼마나 더 진지하게 그들을 대했느냐 하는 것이다.

특히 이 책에 등장하는 인물들은 각자의 출신 성분이나 경력, 나이, 성격 등 모든 면에서 다른 사람들이다. 필자가 이들을 상상 속에서 만나서 대화를 나누고 관찰한 것을 기록한 것이기 때문에 필자의 눈으로 본 것이 이들의 전부라고 생각할 필요는 없다.

그리고 일찍이 이사벨 마이어스(Isabel Myers)와 그녀의 모친 캐서린 브릭스(Katharine Briggs) 모녀가 스위스의 심리학자 칼 융(Carl Jung)의 심리유형 이론을 바탕으로 개발한 MBTI를 가지고 이들을 분석할 필요도 없다. 필자는 이들을 라벨링 하거나, 편견으로 대하지 않았다. 그러므로 혹시라도 이 책에 등장하는 인물들을 대할 때, 필자가 해석한 모습만 보고 그들을 쉽게 판단하지 말기를 바라는 마음이다. 사람마다 형편이 각자 다르고 처지가 다르므로 쉽게 사람을 판단하는 것은 극히 조심해야 한다는 말이다.

그리고 또한 이 책을 읽은 후에는 적어도 남을 모함한다거나 헐뜯는 일이 없었으면 좋겠다. 다른 사람에 대해서 이러쿵저러쿵 험담하거나 모함하는 것은 결국 자기 살을 물어뜯는 어리석음이 될 수 있기 때문이다. 남을 험담하는 것은 여러 이유로 개인적으로나 사회적으로도 부정적인 영향을 미치게 된다. 험담은 개인 사이의 신뢰와 관계 유지에 치명적으로 될 수 있다. 누군가 내 앞에서 남의 험담을 한다면, 언젠가는 그 사람이 또 다른 사람 앞에서 나에 대해 험담할 수 있으므로 그 사람과의 신뢰는 이미 끝이 났다고 봐야 한다. 그러므로 험담하는 자신에게도 결코 도움이 되지 않는다. 이 책에 등장하는 인물들을 놓고 굳이 인물평을 하려고 해서는 안 되는 이유이기도 하다.

그렇다고 해서 그냥 재미로만 읽고 말았다면, 그것 또한 의미 없는 일이 되고 말 것이다. 이 책에 소개한 44편의 인물 이야기들은 나름 대로 진지하게 자기 삶을 살았던 분들의 진솔한 이야기들로 꾸몄다. 그러기에 그들에 대한 소중한 기억만으로도 나를 가꾸는 좋은 계기가 되었을 것으로 믿는다. 그렇다면, 그것만으로도 만족한 글 읽기가 되었다고 본다.

필자는 이 책의 독자들이라면, 사람을 보는 눈이 조금은 달라질 수는 있을 것이라는 기대를 갖고 있다. 인사를 담당한 직원이라면 사람을 골라 쓰게 될 것이고, 적재적소에 인사를 배치할 수 있는 능력도 생길 수 있을 것이다. 그러나 사람을 대할 때, 개인사에 너무 깊이 개입해서는 안 된다. 본인이 자기 형편을 이야기하고, 자기 단점을 말할 때까지 참고 기다리는 인내심이 필요하다.

필자는 가상의 인물들을 인터뷰하면서 한 번도 진술을 강요하거나 윽박지르지 않았다. 자기가 자기 흥에 취해서 술술 얘기할 때까지 기다려 주었다. 굳이 상담 기법을 얘기하지 않더라도, 경청은 상대방에 대한 최소한의 예의이자 배려 아니겠는가? 아무쪼록 독자들이 한층 더 성숙한 그리스도인으로 성장하기를 바라는 마음으로 글을 맺고자 한다.